Daniel Marmolejo

La Lluita de la Classe Treballadora

Fonaments de la lluita obrera per a joves

ÍNDEX

DEDICATÒRIA ALS MEUS NEBOTS I ALTRES LECTORS JOVES

Segur que mentre creixíeu vos heu arribat a fer certes preguntes. Veieu que els vostres familiars treballen molt, es passen el dia fora, per a poder portar diners a casa amb què viure, amb què comprar menjar, roba, amb què pagar factures de llum, d'aigua, de gas. Tanmateix, per molt que treballen, els diners no sobren mai a casa. I a més, sempre estan preocupats per quedar-se sense faena.

Ara que teniu una certa edat i una certa maduresa, ara que ja vos comencen a contar la veritat amb més detalls perquè sabeu entendre'ls, crec que pot ser un bon moment per a explicar-vos un poc del funcionament d'esta societat, de per què hi ha gent que té tant i altres que tenen tan poc, de per què hi ha gent que treballa per a poder viure, altra gent que necessita treballar però no troba on, i gent que no treballa perquè no li cal.

Per això, com a fills, néts i nebots de gent treballadora, crec que vos pot ajudar molt conéixer la lluita de la classe treballadora: com ens organitzem, què volem aconseguir, els anys que fa que lluitem, i les passes que s'han fet. Que sapieu el que és un sindicat i un partit polític, una vaga o unes eleccions.

En resum, poder ajudar-vos a enfrontar-vos al món sent conscients del que sou i del que podeu arribar a aconseguir. Ho teniu tot per davant.

Per últim, llegiu este llibre com més vos abellisca. Del començament fins a la fi, o per capítols solts. Al final hi ha un índex per si voleu anar directament als conceptes principals.

Introducció. Qui posa els preus de les coses?

Vos heu preguntat alguna vegada per què, quan anem al supermercat, les coses tenen preus diferents? Per què hi ha productes que costen més cars que altres? Quant val cada cosa?

Podríem pensar que el valor de cada cosa depén de com en siga, d'útil. Quan tenim molta fam, un plat de menjar ens resultarà molt útil, hi donem molt valor. Tanmateix, si no tenim fam, no trobarem valor en eixe plat. Eixe valor és el que anomenem **valor d'ús**. Però quan hem de comprar alguna cosa, el preu no depén de com d'útil ens resulte. Una barra de pa costa el mateix si ja hem menjat o si tenim fam. Hi deu haver alguna cosa que determine eixe preu.

Hui dia, molts de nosaltres vivim en ciutats i per a aconseguir el menjar, anem a la botiga a comprar-lo. Però fa cinc mil anys açò no era així, i la majoria de les persones vivia en xicotetes aldees al camp. Estes persones tenien professions diferents, cadascuna es dedicava a una activitat. Hi havia persones que es dedicaven a pescar, altres que tenien vaques i les munyien, altres que conreaven fruites i verdures o després les recol·lectaven. I com que les persones no mengen només peix, o només llet, o només fruita, estes persones es reunien al poble per intercanviar-se els productes.

Ja en les societats primitives, cada persona hi feia un treball diferent.

No totes les persones es dedicaven a produir menjar, tanmateix, perquè existixen més necessitats, com per exemple, la roba. Per això, també hi havia persones que cultivaven cotó o esquilaven ovelles per fer roba amb el cotó o la llana. Després estes persones donaven la roba que havien confeccionat, a canvi de rebre peix, llet, fruita, oli, o qualsevol altra cosa que necessitaren.

A l'hora de realitzar l'intercanvi, però, tots estos productes no s'intercanvien de qualsevol manera. Si el recol·lector de fruita té molts arbres i té moltes taronges per arreplegar, no li costarà molt d'esforç arreplegar-ne unes quantes. Tanmateix, si el pescador ha d'agafar el peix en un riu molt revolt, agafar dos o tres peixos li suposarà molt d'esforç. És possible que, en una hora pescant, el pescador només agafe un peix, mentre que el recol·lector pot haver agafat vint taronges.

Per això, per l'esforç que ha suposat este treball, el pescador no voldrà canviar un peix per una taronja. Però si li proposen canviar un peix per vint taronges, és possible que sí que accepte. De la mateixa manera, el recol·lector no tindrà problema a donar vint taronges de les que ha arreplegades, a canvi d'un peix.

Això és el que anomenem **valor de canvi**. Al poble del nostre exemple, un peix hi val vint taronges. Però també pot valer mig litre de llet, si ha anat a canviar-lo a casa de la ramadera. O una samarreta, si ha anat a casa del costurer.

Tanmateix, haver de carregar sempre amb el peix cada vegada que vols alguna cosa, o amb les taronges o la llet, no és còmode. A més, pot ser que el recol·lector no necessite peix alhora que el pescador necessita taronges. Per això, els antics van començar a canviar els seus productes per un altre que era fàcil de transportar i que no es feia malbé amb el temps, concretament l'or.

D'esta manera, van acabar intercanviant les mercaderies que produïen per or. Un peix, mig litre de llet o una samarreta, costaven una llavor d'or. I esta llavor d'or representava el temps que li havia costat a cada persona aconseguir el seu producte. Açò és el que anomenem **llei del valor**: el valor de canvi de les coses és equivalent al temps de treball que cal per a aconseguir-les.

En l'actualitat ja no utilitzem or. Ja fa mil·lennis que l'or es va començar a substituir per altres metalls, com l'argent o el coure. A més, per no haver de pesar sempre estos metalls, es fonien i modelaven en xicotetes fitxes que eren totes iguals: són el que hui anomenem monedes. D'altra banda, quan el valor en monedes és alt, per no portar totes les monedes damunt, utilitzem notes de paper que sabem que es poden canviar per monedes en un banc: són els bitllets. Les monedes i els bitllets són els **diners**, que ens servixen per a comprar i vendre.

1. EL TREBALL I ELS SEUS AMOS

Començarem per estudiar en què consistix el treball. Per a fer-ho senzill, posarem l'exemple d'una teixidora.

El treball de la teixidora consistix a agafar un cabdell de llana i teixir per convertir esta llana en jerseis, bufandes, calcetins...

Per això, per a poder fer el seu treball, la teixidora necessita llana. Però també necessita unes agulles de punt, que li serviran per a poder fer estes peces de roba. I també necessita un lloc on posar-se a teixir, un taller. Si li falta alguna d'estes coses, la teixidora no pot fer el seu treball.

La **matèria primcra** són els productes que una persona transforma quan treballa. Per a la nostra teixidora, la matèria primera és la llana. Els **mitjans de treball** són els objectes que esta persona necessita per a poder transformar la matèria primera, i així dur a terme el seu treball. Per a la nostra teixidora, els mitjans de treball són les agulles i el taller.

Tant la llana com les agulles i el taller són necessaris per a poder fabricar els jerseis i les bufandes. Açò és el que anomenem **mitjans de producció**.

La nostra teixidora, com hem dit, convertix la llana en jerseis i bufandes, utilitzant les agulles dins del seu taller. Però esta teixidora es cansa, no pot estar teixint tot el dia; es cansa perquè consumix energia. Esta energia que consumix és la seua **força de treball**. Quan la força de treball s'ha esgotat i la nostra teixidora no pot continuar treballant, ha de reposar-la, dormint i menjant.

Com veiem, per a poder produir mercaderies, calen mitjans de producció i força de treball.

La teixidora que hem vist fa el treball complet. Compra la seua llana, utilitza la seua força de treball, treballa al seu taller i ven els seus jerseis i les seues bufandes. És propietària dels seus mitjans de producció i, per tant, té el control sobre el seu treball.

Este cas tan senzill, però, no és el més comú hui. La major part de les persones treballen en grans centres de treball i tenen funcions específiques. Per exemple, pensem en una fàbrica que produïx cadires. En esta fàbrica hi ha treballadors que compren la fusta, altres que treballen amb les màquines que tallen la fusta, altres que encaixen les peces de les cadires, i altres que carreguen les cadires al camió per portar-les a les botigues. Cadascun en té la seua funció específica.

A més, la fàbrica on treballen normalment no els pertany a ells, sinó que té un amo (o més d'un). I moltes vegades ocorre que l'amo de la fàbrica no hi treballa.

En este cas, estos treballadors no posseïxen els mitjans de producció, només són amos de la seua força de treball. Els mitjans de producció pertanyen a unes persones que s'anomenen **burgesos** (encara que també es poden dir **empresaris, capitalistes, patrons**...).

Els burgesos fan servir els seus mitjans de producció per obtindre un benefici, igual que feia la teixidora del nostre exemple anterior. Tanmateix, a la nostra fàbrica de cadires, el burgés no complix cap funció; no porta la fusta, no la talla, no munta les peces, no porta les cadires a les botigues... tot açò ho fan els obrers.

A la fàbrica de cadires, cada treballador s'hi ocupa d'una part del treball. Però el burgés no en fa cap, perquè no treballa.

Per tant, el burgés utilitza els seus mitjans de producció (però no la seua força de treball) per a viure. El seu objectiu és obtindre un benefici, i per a això necessita els treballadors.

Els treballadors de la fàbrica no són amos dels mitjans de producció (les màquines, la fusta...), només tenen la força de treball. Per això, el burgés els compra esta força de treball durant unes quantes hores al dia, a canvi d'un determinat **salari**. Per això diem que els treballadors són **assalariats**.

L'objectiu del burgés és obtindre el màxim benefici. Per a això, l'interessa que es produïsca molt, vendre cars els seus productes, i gastar poc, el mínim. Una de les despeses que el burgés sempre intenta reduir són els salaris dels treballadors. Per tant, pagarà als treballadors el salari més baix que puga.

Els treballadors, d'altra banda, només tenen la seua força de treball, així que depenen del salari que obtenen venent-la. Este salari els permet viure. Per això els treballadors necessiten treballar; altrament, no tindrien per a viure i moririen de fam.

2. Sempre hi ha hagut treballadors?

Estes relacions entre treballadors i burgesos no han sigut sempre així. A les primeres societats humanes no hi havia treballadors ni burgesos, sinó que es treballava la terra entre tots: d'això se'n diu treball **cooperatiu**. Ni la terra ni els animals domèstics pertanyien a cap persona, sinó a la comunitat sencera. Per tant, hi treballaven tots i es beneficiaven per igual del fruit del treball. Estes primeres societats obtenien el menjar primer de la caça i pesca d'animals i la recol·lecció de fruits; i més tard, de l'agricultura i la ramaderia.

Però, a poc a poc les tribus aconseguien treballar més i millor i obtindre més productes dels que necessitaven. Açò, d'una banda, feia que altres tribus les atacaren per arrabassar-los este menjar guardat, i en el repartiment els caps se'n quedaven amb una porció major. D'altra banda, quan unes tribus comerciaven amb altres, els caps se n'encarregaven de l'intercanvi, i amb el temps els caps s'acabaren apropiant d'estos productes que sobraven. Estes persones van acabar per acumular riqueses, amb la qual cosa es va crear una diferenciació (entre els que tenien més i els que tenien menys) i, sobretot, va aparéixer la propietat privada. Primer els animals i després les terres, que abans eren de tots, ara tenien amos.

Estes persones, que havien obtingut terres i animals a força d'atacar altres comunitats, també es dedicaven a capturar persones d'eixes comunitats, a les quals obligaven a treballar a les seues terres. D'esta manera sorgien els **esclaus**. Els esclaus eren persones que pertanyien completament a altres persones, als esclavistes. Els esclavistes usaven els esclaus com si foren instruments de treball i poden fer amb ells el que volgueren: els explotaven, els venien o els mataven.

El sistema esclavista era el que hi havia a les civilitzacions de Grècia i Roma. Este sistema, d'altra banda, no era sostenible. Els xicotets agricultors no podien competir amb les grans hisendes d'esclaus, i per tant, feien fallida i es quedaven sense treball. Estos xicotets agricultors que ja no tenien faena tampoc no podien pagar imposts, així que a l'Estat se li acabaven els diners per a mantindre l'exèrcit i les obres públiques. Estos llauradors sense treball causaven revoltes sovint, i els esclaus s'hi sumaven.

Els esclavistes van voler calmar la situació cedint part de les seues parcel·les als xicotets llauradors, a canvi que estos treballaren per als esclavistes. Així els llauradors es van acabar convertint en **serfs**: persones que cedien la llibertat a canvi que l'amo de les terres (el senyor) els protegira. Este sistema es deia **feudalisme**. El feudalisme va ser el sistema més comú a Europa en l'Edat Mitjana i l'Edat Moderna[1].

Mentre que l'esclau havia de treballar perquè era propietat de l'amo, això ja no passava en el feudalisme. Segons la llei, el serf era una persona, però estava obligat a donar una part de la seua collita al senyor.

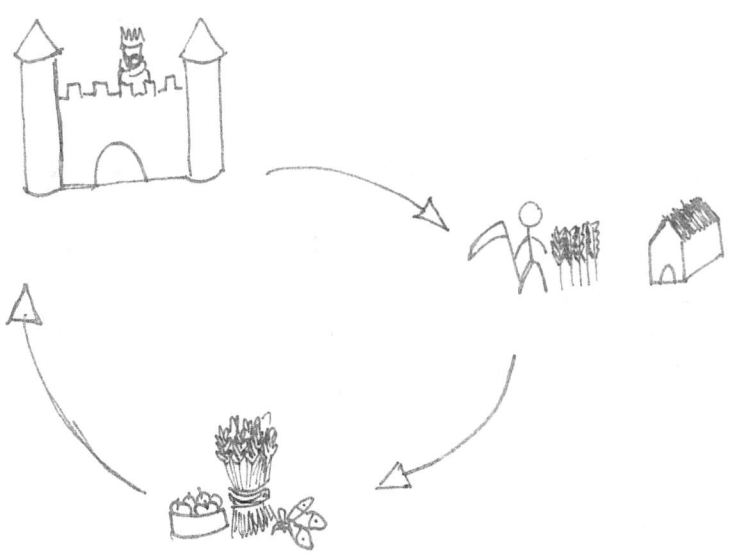

En el feudalisme, els serfs havien d'entregar gran part de la collita al senyor feudal, a canvi que este els protegira.

---

1   Tot i que el feudalisme ja quasi no existix a Europa, encara és comú en algunes zones en països d'altres continents.

Amb el pas dels segles, alguns serfs aconseguien acumular certes riqueses, que els permetien abandonar el camp i traslladar-se a les ciutats. A les ciutats, s'hi dedicaven a comerciar amb mercaderies; no tardaren molt a utilitzar eixes riqueses per a contractar altres llauradors o artesans i establir-hi empreses productives, convertint-se així en burgesos.

En esta situació ens trobem en l'actualitat, en la qual la majoria de les persones són treballadores assalariades, que treballen per a benefici d'un burgés. Este sistema econòmic on vivim es diu **capitalisme** i no té més de 300 anys.

Però és important tindre en compte que, fins i tot als sistemes capitalistes, no tot el treball es produïx de manera capitalista. Hi ha algunes fàbriques i empreses que no són propietat de cap burgés, sinó dels obrers que hi treballen (s'anomenen **cooperatives**). Així mateix, hi ha països on s'ha eliminat esta diferenciació social entre burgesos i treballadors, però això ho veurem més endavant.

3. COM FUNCIONA EL CAPITALISME?

En este capítol explicarem el funcionament del capitalisme, el sistema econòmic en què vivim. A l'explicació hi ha molts conceptes d'economia, així que pot ser que a estones siga difícil de seguir. Si se't fa massa pesat, passa al capítol 5.

Com hem explicat abans, el funcionament del sistema capitalista és el següent: un burgés (o capitalista) utilitza els seus mitjans de producció (el seu **capital**) per obtindre un benefici. És a dir, que invertix els seus diners per obtindre més diners.

Com obté més diners el burgés? Invertint el seu capital en un *procés de treball*. En este procés, es compra la matèria primera i s'hi aplica treball per transformar-la en un producte elaborat que val més. En este procés, el burgés aporta els mitjans de producció, però no aplica treball; este treball li l'apliquen els treballadors.

En l'exemple que hem vist abans, el burgés aporta els seus mitjans de producció (les seues fàbriques i màquines), i amb estos mitjans, els treballadors apliquen el seu treball a la fusta per transformar-la en cadires. Les cadires valen més que la fusta.

Els treballadors (assalariats) venen al burgés la seua força de treball. Açò vol dir que, durant la jornada laboral, els treballadors apliquen treball als mitjans de producció del capitalista, i a canvi, hi reben un salari. Ací veiem que també es produïx un intercanvi: la força de treball es tracta com si fóra un altre producte més. Igual que les cadires, les pomes o les sabates, també la força de treball es compra i es ven. Per això diem que és una mercaderia: és un dels trets del capitalisme.

A la pàgina 9 hi vam veure que el preu de les mercaderies és el seu valor de canvi. Amb la força de treball, hi passa el mateix: el preu de la força de treball és el salari, i correspon al seu valor de canvi. Este valor de canvi, però, és més difícil de determinar que en altres mercaderies, perquè la força de treball no «es fabrica».

Perquè l'obrer puga treballar durant molts anys, ha de tindre les necessitats vitals cobertes, és a dir, ha de reposar l'energia gastada cada dia. Per a això, gastarà diners en allotjament i menjar. Estes despeses hauran d'estar incloses al seu salari.

D'altra banda, el salari ha d'incloure la despesa d'allotjament i menjar no només de l'obrer, sinó també de la seua descendència. Les dones i els homes que treballen de manera assalariada han de tindre fills, per tal que al mercat sempre hi haja obrers disponibles. Així, els burgesos poden substituir els obrers que cauen malalts o moren.[2]

El salari inclou, per últim, altres factors com les necessitats culturals (per exemple, anar al cine, al teatre o a veure els esports) o el grau d'especialització (els treballadors més especialitzats tenen salaris més alts).

No obstant això, el burgés no sempre paga al treballador el salari íntegre com ho hem descrit ací. Quan existixen més obrers que els que necessita el burgés, este pagarà salaris més baixos, que no arriben a cobrir les necessitats del treballador.

Hem vist que, gràcies al treball dels obrers, el producte (les cadires) es paga més car que la matèria primera (la fusta). Però el salari que rep l'obrer no pot ser igual que la diferència de preu, perquè aleshores el burgés no obtindria beneficis. Els burgesos només invertixen el seu capital si poden obtindre beneficis.

Per exemple, imaginem que mig quilo de fusta de l'arbre costa 10 euros. Una cadira que pesa mig quilo costa 20 euros. És a dir, per cada cadira, s'hi ha afegit un valor de 10 euros.

---

2   Si les persones treballadores no tingueren fills, cada vegada n'hi hauria menys, i no n'hi hauria prou per a treballar en les fàbriques dels burgesos.

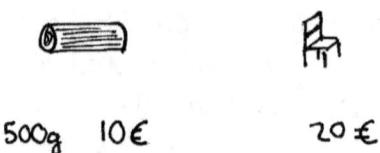

500g   10€   20€

*Mig quilo de fusta costa 10 €, mentre que
una cadira costa 20 €.*

Un treballador és capaç de fer una cadira cada hora, és a dir, dóna un benefici de 10 euros cada hora. Si el treballador guanya com a salari 50 euros al dia, tardarà cinc hores a treballar prou per a generar un benefici igual al seu salari. Eixes cinc hores (eixes cinc cadires) són el **treball pagat**.

Però ja hem dit que el treballador no pot generar un benefici igual al seu salari, perquè aleshores el burgés no guanyaria diners. Per això, el burgés fa que l'obrer treballe tres hores més. Durant estes tres hores addicionals, l'obrer està generant benefici solament per al burgés: produïx tres cadires més que equivalen a 30 euros. Estos 30 euros se'ls queda el burgés i s'anomenen **plusvàlua**.

Hora	1ª	2ª	3ª	4ª	5ª	6ª	7ª	8ª
Cadires	1	1	1	1	1	1	1	1
Valor	10 €	10 €	10 €	10 €	10 €	10 €	10 €	10 €
	Treball pagat (salari de l'obrer)					Plusvàlua (per al burgés)		

El burgés busca guanyar el màxim benefici, és a dir, guanyar cada vegada més diners. Per a això, té diversos mètodes. Al començament, els burgesos feien que els treballadors treballaren més hores o més ràpid, però açò els esgotava i els feia caure malalts. A més, els treballadors es van començar a negar i a posar-se en vaga (parlarem d'açò a la pàgina 47), així que açò ja no era una possibilitat[3]; havien de buscar altres opcions, com ara millorar les màquines del procés per a posar-hi unes màquines més ràpides.

Usant estos mètodes, es va aconseguint que les coses es produïsquen d'una manera més fàcil i ràpida. Com hem vist, segons la llei del valor, el valor d'alguna cosa depén del temps de treball que cal per a produir-la. Així que si el nostre producte ara tarda menys temps a fer-se, baixarà de preu.

D'esta manera, les empreses van necessitant actualitzar la seua maquinària i reduir les despeses per a poder produir d'una manera més ràpida i barata. Les empreses que no aconseguisquen fer-ho, vendran més car el seu producte, perdran clients, entraran en fallida i es retiraran de la competència. Els burgesos amos d'estes empreses que han fet fallida ja no tindran mitjans de producció, així que s'hauran convertit en obrers: hauran de vendre la seua força de treball per a sobreviure.

Per això, al cap d'un temps, només els burgesos amos de les empreses més grans sobreviuran, mentre que els burgesos amb empreses més xicotetes (i menys competitives) perdran les seues propietats i hauran de

---

3   Encara hui hi ha alguns empresaris que obliguen els treballadors a treballar més hores sense pagar-los-les, tot i ser il·legal.

convertir-se en treballadors. Així van desapareixent les empreses xicotetes i quedant-se només les grans.

El capitalisme i les crisis

El principal interés del burgés és obtindre cada vegada més beneficis i fer que la seua empresa cresca. Com que el burgés cada vegada vol guanyar més diners, fa que la seua empresa comence a fabricar més i més quantitats de productes. Però arriba un moment que es fabrica més del que la gent pot o vol comprar, i les empreses acumulen molta quantitat de producte que no pot vendre. S'entra així en **crisi**.

Quan es fabrica més del que es pot vendre, s'entra en crisi i l'empresa pot tancar.

Les crisis són molt greus, perquè quan ocorren, les empreses més xicotetes, que no estan preparades per a competir, fan fallida i els seus treballadors passen a estar desocupats. A més, les empreses grans que aconseguixen aguantar la crisi, ho fan abaixant els salaris dels treballadors, perquè així el burgés perd menys diners.

Per açò, les crisis augmenten l'atur i fan que els treballadors cada vegada visquen pitjor. Però, a més, que les empreses xicotetes facen fallida significa que els seus amos burgesos es convertiran en treballadors. És a dir, que cada vegada més gent necessita vendre la seua força de treball perquè és l'únic que té.

Tanmateix, les empreses que sobreviuen, acabaran ocupant més gent quan se supere la crisi, i per tant extraurà la riquesa de més persones. Les crisis fan que més persones acaben sense cap propietat, i que unes poques en concentren tota la riquesa. Esta és la principal contradicció del capitalisme.

El monopoli

Quan només hi ha una empresa que fabrique un producte, es diu **monopoli**. Per això, amb el capitalisme sempre s'acaben formant monopolis. Els monopolis no són bons per als treballadors, per diversos motius:

- En un monopoli, el burgés pot posar al seu producte el preu que vullga. Pensem en una empresa que fa samarretes, fabrica cada dia 100 samarretes, les ven a 7 euros i en guanya 2 amb cada samarreta, així que guanya 200 euros cada dia. Com que no hi ha competència, l'empresari decidix fabricar només 50 samarretes cada dia, però les ven a 9 euros per a poder tindre els mateixos beneficis. Ara les samarretes són més cares, així que menys gent podrà comprar-les. I com que es fabriquen menys samarretes, caldran menys treballadors, i alguns perdran la faena i quedaran desocupats.

- En un monopoli, el burgés decidix quins productes fabrica, i fabricarà els que li donen més beneficis, sense importar-li el que necessite la gent. Si el mateix burgés d'abans, en compte de fer samarretes barates per a tot el món, decidix fabricar abrics de luxe perquè hi guanya més diners, deixarà de fabricar samarretes i la gent ja no podrà comprar-ne. O també pot fabricar samarretes d'una qualitat molt roïna, perquè com que és l'únic que les fabrica, la gent només podrà comprar eixes samarretes.

Esta situació de monopoli no és sostenible, i porta a l'imperialisme, que ara veurem el que és.

4. L'IMPERIALISME

Al capítol anterior, hi vam veure que el capitalisme provoca crisis cada cert temps, per culpa de la necessitat d'obtindre cada vegada més benefici. Esta mateixa necessitat porta les empreses al monopoli. Les crisis i el monopoli impedixen que el burgés guanye cada vegada més diners.

Totes les empreses que poden exporten les seues mercaderies. **Exportar** significa fabricar alguna cosa a un país i vendre-la en un altre, és a dir, vendre a l'estranger[4]. Esta també és una manera que tenen els burgesos per a guanyar més diners amb els seus productes: si venen a més països, guanyaran més diners.

Tanmateix, quan les empreses ja han arribat al monopoli, seguir augmentant els beneficis els resulta difícil. A més, si una empresa està passant una crisi a un país, en buscarà algun altre que no estiga afectat per eixa crisi, per

---

4   El contrari, fabricar coses a l'estranger i consumir-les ací, es diu **importar**.

obtindre-hi beneficis. Per això decidixen obrir fàbriques en altres països.

Segurament has sentit a parlar dels països del tercer món, països en vies de desenvolupament, països que són «més pobres». Parlem dels països d'Àfrica, Àsia i Amèrica Llatina. Allà, les condicions de vida hi són diferents de les d'ací, normalment la gent viu amb menys: els treballadors cobren menys, són menys exigents quant a les condicions de treball i els materials són més barats. Per això, moltes empreses d'ací, que volen obtindre més beneficis, decidixen deixar de fabricar els seus productes ací i obrir fàbriques a països més pobres. D'esta manera, aconseguixen fabricar els seus productes amb menys despeses.

Açò és el que anomenem **imperialisme**: apropiar-se de l'economia d'altres llocs per a traure més beneficis.

En el passat, els governs dels països europeus (que estan dirigits per burgesos) van pensar que, per a afavorir les seues empreses, havien d'enviar el seu exèrcit a envair els països que no estaven en el capitalisme, per poder establir-hi les seues fàbriques i extraure'n les riqueses. Per això, en el segle XIX, Àfrica se la van repartir quasi sencera entre França i el Regne Unit (també hi tenien algunes terres Alemanya, Espanya, Portugal i Bèlgica); a Àsia i Oceania, hi va passar el mateix. Estos països europeus van convertir eixes terres en les seues colònies: una **colònia** és un territori que un país desenvolupat envaïx per explotar-lo i saquejar-lo. Per exemple, Espanya va tindre unes quantes colònies a Àfrica, com el Sàhara Occidental (d'on extreia fosfats) o Guinea Equatorial (d'on extreia cacau).

Els països colonialistes, sovint, entraven en guerra els uns contra els altres per controlar eixes terres (les colònies). Per exemple, a finals del segle XIX, Espanya tenia unes quantes colònies a Amèrica; la més important n'era Cuba, on es produïa molta canyamel. En eixe mateix segle, els Estats Units van declarar la guerra a Espanya en Cuba. Els Estats Units van guanyar la guerra i van envair Cuba, Puerto Rico (a Amèrica), Filipines (a Àsia) i totes les illes que Espanya tenia a l'oceà Pacífic.

Hui en dia queden molt poques colònies, i eixos territoris d'Àfrica i Àsia ara són països independents i tenen els seus propis governs: ja no pertanyen als països europeus. Tanmateix, els seus governs afavorixen les empreses europees i nord-americanes, així que en patixen l'imperialisme. Per eixe motiu, estos països, a més de ser pobres ara, continuaran sent-ho, perquè les empreses europees i nord-americanes se n'estan emportant la riquesa (els estan explotant).

En alguns països, però, els treballadors s'han organitzat i han dut a terme revolucions per a llevar el poder als burgesos. Açò ha passat, per exemple, a Cuba, que té un govern democràtic, elegit pel poble treballador. Eixos països són els que anomenem **socialistes** i en parlarem a la pàgina 81.

A més, esta tendència del capitalisme de créixer sense límit pot portar a una situació perillosa per al planeta, perquè els recursos del nostre món són limitats. Es pot produir una catàstrofe ecològica, de la qual parlarem a la pàgina 87.

5. Què són les classes socials?

Hem vist que, a l'hora del treball, existixen persones que posseïxen mitjans de producció (els burgesos) i persones que no en posseïxen (els treballadors). Per tant, la majoria de la societat pertany a un grup o a l'altre. Açò és el que anomenem **classes socials.**

Com vam veure abans, a les primeres societats no hi havia classes, tot el món hi treballava de manera cooperativa. Però després es van acabar distingint unes persones d'altres, segons treballaren o s'apropiaren del treball alié. A la societat esclavista hi havia esclaus i amos. A la societat feudal hi havia serfs i senyors. I de la mateixa manera, a la societat capitalista, on vivim nosaltres ara, hi ha treballadors i burgesos.

Sistema	Classe que treballa	Classe explotadora
Esclavisme	Esclaus	Amos
Feudalisme	Serfs	Senyors
Capitalisme	Treballadors	Burgesos

Els **treballadors** no posseïxen mitjans de producció. No tenen empreses, ni fàbriques. Només tenen la seua força de treball, i per a poder viure, la venen als burgesos a canvi del salari. No tenen cap poder de decisió al seu treball, han de fer el que el burgés els ordene. La riquesa que genera el seu treball va a parar a mans del burgés, de manera que els treballadors només reben el seu salari.

Els treballadors de la indústria també es diuen **obrers** o **proletaris**; els del camp són els **jornalers**.

Els **burgesos** (també se'ls diu **capitalistes**) posseïxen els mitjans de producció. És a dir, són els amos de les empreses, de les fàbriques, de les màquines... I no només això, sinó que també són els que controlen, dirigixen, administren les fàbriques. A més, són els que arrepleguen les riqueses que es generen amb el treball.

També són burgesos els grans propietaris de terrenys al camp, els anomenats **terratinents**.

Classe	A la indústria	Al camp
Treballadors	Obrers, proletaris	Jornalers
Burgesos	Patrons	Terratinents

Treballadors i burgesos són les dos classes socials enfrontades.

Per açò, entre els burgesos i els treballadors hi ha un conflicte: busquen coses contràries. El burgés vol guanyar molts diners, així que intentarà que els treballadors treballen més hores, més ràpid, més intensament, per a produir més mercaderia. També voldrà pagar un salari baix als treballadors, perquè com més baixos siguen els salaris, més diners guanyarà el burgés.

D'altra banda, el treballador no vol treballar jornades molt llargues perquè li agrada estar amb la seua família i amistats, i tindre temps lliure per a fer tasques a casa o dedicar-li-ho a les seues aficions. A més, preferix treballar a bon ritme, perquè si treballa molt intensament, acaba esgotat. Per últim, el treballador vol un salari alt, per a poder viure en un bon lloc, menjar bé i fer coses que li agraden i que requerixen diners (com, per exemple, viatjar o anar al cine).

Com que els burgesos i els treballadors busquen el contrari, es produïx el que s'anomena **lluita de classes**, i existix perquè tenen interessos diferents.

Podreu pensar que els burgesos són males persones per voler que els treballadors treballen més temps i més ràpid, o per no voler que els treballadors tinguen dies lliures. La realitat és que no és qüestió de ser bona o mala persona: el burgés vol guanyar més diners, i sap que per a aconseguir això, ha de perjudicar el treballador, així que no s'hi preocupa.

De la mateixa manera, els treballadors no són roïns ni ganduls per voler treballar menys hores, tindre dies de vacances o guanyar un salari més alt. Només volen tindre una vida més digna i agradable. I per a aconseguir açò, el burgés ha de guanyar menys diners, perquè no hi ha cap altra manera d'assolir-ho.

Veiem que entre els burgesos i els treballadors hi ha interessos enfrontats, sobretot perquè els burgesos viuen a partir del treball que exercixen els treballadors, és a dir, se n'apropien del treball. Per això als burgesos no els agrada parlar d'estes classes socials, no parlen mai de «burgesos» i «treballadors». Preferixen parlar de classe alta, classe mitjana i classe baixa, classificant la gent segons els diners que té o que guanya. Açò no està bé; primer, perquè fa la impressió que la classe alta és la millor i la classe baixa és la pitjor (açò és *classisme*, en parlarem a la pàgina 60). I a més, fa que la gent pense que, si es treballa molt, es pot passar a una classe més alta, però açò no és veritat: no és mai així de senzill.

La teixidora del capítol 1 és petitburgesa.

Dins de la burgesia, hi existix, amb característiques pròpies, la *xicoteta* o *petita burgesia*. Els **petitburgesos** són les persones que tenen els mitjans de producció però treballen ells mateixos, i després han de vendre els seus productes al mateix mercat capitalista. La teixidora de què vam parlar al començament del llibre seria petitburgesa, perquè és l'ama del taller i de les agulles, però tix ella mateixa els jerseis (per això no és burgesa) i després els ven. Alguns petitburgesos contracten treballadors, però no poden deixar de treballar.

Els petitburgesos no són treballadors perquè posseïxen mitjans de producció, però en molts casos les seues condicions de treball no són millors que les dels treballadors. Treballen durant moltes hores i sovint no tenen vacances. Tanmateix, com que són propietaris, els seus interessos són diferents dels dels treballadors. Si bé els treballadors busquen tindre millors condicions i guanyar més diners, els petitburgesos volen arribar a ser burgesos, és a dir, viure del treball dels treballadors que contracten i així no haver de treballar.

Malgrat esta aspiració, la majoria dels petitburgesos no aconseguiran viure dels seus treballadors, perquè només uns pocs n'estan en situació de competir. Els burgesos tenen empreses grans, que estan més preparades per a competir al mercat, poden produir més barat que qualsevol petitburgés. Per això quasi tots els petitburgesos, abans o després, acaben per tancar l'empresa i vendre els mitjans de producció, de manera que per a sobreviure necessiten treballar per a altres. En este cas s'han convertit en proletaris.

En resum:

	treballadors (obrers, proletaris)	No posseïxen mitjans de producció, només força de treball
	petitburgesos	Posseïxen mitjans de producció (empreses, terres, màquines) però no poden deixar de treballar
	burgesos (capitalistes)	Posseïxen mitjans de producció i no treballen, viuen del treball dels empleats que han contractat

A més d'estes classes socials, existixen altres grups socials, però són molt menys importants i no els tractarem ací.

6. I ELS TREBALLADORS, QUÈ PODEN FER?

Com hem vist abans, existix una lluita de classes entre els burgesos i els treballadors, perquè uns exploten els altres. Els burgesos volen guanyar més diners, i els treballadors volen deixar de ser explotats. Esta és la lluita de classes.

Alguns treballadors, per a deixar de ser explotats, intenten convertir-se en burgesos, i fan grans sacrificis per a intentar estalviar diners i aconseguir mitjans de producció. Quan els aconseguixen, creen una empresa i intenten viure d'ella, però ja hem vist el que els ocorre als petitburgesos: no poden competir amb els burgesos perquè tenen menys recursos, i quan arriben les crisis, la seua empresa fa fallida o és absorbida per una altra empresa més gran, tornant a convertir-se en treballadors, com al començament.

A més, per la naturalesa del sistema capitalista, de burgesos només n'hi pot haver uns pocs, mentre que de treballadors n'hi ha d'haver molts més. Per això, tots els treballadors no poden convertir-se en burgesos per a deixar de ser explotats. Necessiten una altra eixida.

Ja hem vist que els treballadors estan sempre al costat més desfavorable. Han de treballar per a altres persones, no reben les riqueses que generen amb el seu treball, i a més no tenen cap poder de decisió, han de fer el que diga el burgés per al qual treballen. A més, en molts casos un treballador no pot queixar-se del seu treball, perquè aleshores el burgés el despatxa per contractar un altre treballador que no es queixe. El treballador sempre té les de perdre.

Tanmateix, també hem vist que la classe treballadora és molt més nombrosa que la dels burgesos, i també, que els burgesos necessiten treballadors a qui explotar, perquè si no, no guanyen diners. Per això, tot i que un treballador sol no pot aconseguir res perquè sempre té les de perdre, si tots els treballadors es posen d'acord sí que poden aconseguir els seus objectius. Estos objectius poden ser immediats, com una millora del salari, però també poden ser més grans i ambiciosos, com l'eliminació de l'explotació.

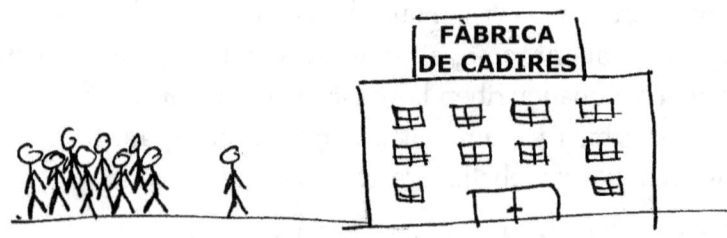

Els treballadors són imprescindibles, així que si es posen d'acord, poden aconseguir-ho tot.

En vista d'açò, la lluita de la classe treballadora adopta tres formes: l'econòmica, la ideològica i la política.

Els sindicats

Des de fa dos segles els treballadors s'unixen i formen **sindicats**. Un sindicat és una organització dels treballadors. Esta associació servix per a organitzar-se, posar-se d'acord entre tots, i així aconseguir les millores laborals de les quals parlàvem abans.

Per a aconseguir estes millores laborals, els sindicats organitzen accions de protesta, sobretot la **vaga**.

Els sindicats són l'única manera que tenen els treballadors perquè els empresaris tinguen en compte la seua opinió.

La consciència de classe

Encara que els treballadors s'unisquen en sindicats i aconseguisquen millorar les seues condicions de treball, seguixen sent explotats pels burgesos. Però a més, els burgesos dominen els mitjans de comunicació, la cultura, la vida pública... Per això els treballadors han de reflexionar i adonar-se que els seus interessos estan enfrontats als dels burgesos; han de saber reconéixer l'objectiu pel qual han de lluitar: l'alliberació. Este reconeixement és el que anomenem **consciència de classe** i és ideològic: requerix un canvi de mentalitat dels treballadors, que han de començar a mirar pels seus propis interessos.

Els partits obrers

Una vegada que els treballadors s'han unit i s'han adonat de quin és el seu objectiu, voldran fer tot el possible per aconseguir-ho.

Per açò, per a fer el pas final que duga a eliminar l'explotació, els treballadors s'organitzen per a participar en la política i intentar arribar al govern. Les organitzacions que servixen per a açò són els **partits polítics**.

Tot i haver-hi molts partits polítics, la majoria en defenen només els interessos dels burgesos. Però també hi ha partits que els treballadors han creat per defendre els seus interessos. Sovint, estos partits s'anomenen **partits comunistes**, tot i que poden tindre altres noms.

Tipus de lluita	*Instrument*
Econòmica	El sindicat
Ideològica	La consciència de classe
Política	El partit obrer

Ara parlarem més detingudament dels tres tipus de lluita; començarem per la lluita econòmica, la dels sindicats.

7. LA LLUITA ECONÒMICA: EL SINDICAT I LA VAGA

La primera lluita que els treballadors van dur a terme, i que encara hui es fa cada dia, és la **lluita econòmica**. En la lluita econòmica, els treballadors s'unixen per a reclamar millors condicions de treball.

Quan s'establiren les primeres indústries a Europa, les condicions de treball eren molt roïnes. Les persones que treballaven a les fàbriques havien de treballar tot el dia, no tenien dies de descans ni vacances. A més, quan les empreses obtenien menys beneficis, els empresaris obligaven els treballadors a treballar més hores. Per això, freqüentment queien malalts i molts morien a la faena, així que els treballadors estaven molt descontents.

En una empresa qualsevol, si un treballador es queixa, generalment l'empresari el voldrà acomiadar perquè el considera conflictiu, i perquè no agite la resta dels treballadors. Açò ocorria a les primeres indústries: els treballadors que es queixaven eren acomiadats i substituïts per altres que es trobaven desocupats.

Amb el temps, els treballadors es van adonar que només podien tindre força si s'associaven i actuaven tots junts. Van formar unes associacions de treballadors que són el que hui anomenem **sindicats**, i tenen com a funció principal organitzar els treballadors per a poder negociar les seues condicions de treball.

Com que els treballadors són imprescindibles en una empresa, i sense ells l'empresa no funciona, quan els treballadors s'organitzen, poden lluitar d'una manera molt efectiva. Per això, quan es van formar els primers sindicats, els governs els van prohibir, per evitar que els treballadors reclamaren millores en les seues condicions. Tanmateix, els treballadors es van seguir organitzant de manera clandestina.

Fartant-se de les condicions a les quals els empresaris sotmetien els treballadors, els sindicats van començar a organitzar diferents accions: unes en públic (com les manifestacions), i altres al lloc de treball (com les vagues o els sabotatges).

Les accions públiques: les manifestacions

Una de les accions fonamentals que duen a terme els treballadors per a protestar per les seues condicions és la **manifestació**.

Una manifestació consistix en una marxa en què la gent camina en grup per la ciutat o el poble.

Les manifestacions poden convocar-se per molts motius però normalment són per a protestar per les males condicions de treball. També es fan manifestacions per reclamar al govern que canvie les seues polítiques.

Les manifestacions són protestes pacífiques, tot i que a vegades el govern ordena la policia que les reprimisca i disperse els manifestants usant mètodes violents.

Les accions al centre de treball: la vaga

Fer **vaga** significa deixar de treballar. Quan un sindicat convoca una vaga, els treballadors decidixen no treballar fins que s'obtinguen les seues reclamacions.

Als burgesos els fa por que els treballadors facen vaga, perquè si no van a treballar, no es fabriquen els productes que després cal vendre, així que els empresaris deixen de guanyar diners. Per això, la vaga és l'instrument més poderós que tenen els treballadors.

Però la vaga no és una cosa senzilla. A vegades els empresaris no volen negociar, així que les vagues es poden prolongar. I, a més, quan els treballadors fan vaga, no cobren. Per això, si una vaga resulta molt llarga, els treballadors es queden sense diners per a menjar. Però si abandonen la vaga, tornaran a treballar en les males condicions en què estaven, així que se'ls presenta una elecció molt difícil.

Les vagues van estar prohibides durant molt de temps, i els governs detenien i torturaven els vaguistes i els sindicalistes que promovien les vagues. Però hui en dia les vagues són un dret reconegut dels treballadors, així que són totalment legals.

Gràcies a les vagues s'han aconseguit molts dels drets que tenim hui els treballadors. Per exemple, hui en dia hi ha molts treballs on no es treballa els diumenges, perquè fa un segle que uns treballadors van fer vaga per aconseguir això[5]. A més, treballem 40 hores a la setmana (i no més) gràcies a una vaga indefinida que va durar 44 dies.

Com que les vagues són tan perjudicials per als empresaris, abans el govern les prohibia, però ara utilitza una altra estratègia. Ara els mitjans de comunicació (que són la veu dels burgesos) repetixen constantment que els sindicats són inútils, que no servixen per a res, i ens recorden sovint les coses que els sindicats fan malament, per

---

5   Els treballadors que han de treballar els diumenges, com ara les persones que treballen a les fàbriques o als restaurants, tenen almenys un altre dia lliure en la setmana.

tal que els treballadors pensem que són corruptes, perjudicials i innecessaris. D'esta manera, els mitjans aconseguixen que els treballadors no ens unim i no ens organitzem, i així els burgesos podran imposar-nos pitjors condicions laborals (treballar més hores o abaixar-nos el sou) sense que tinguem força per a evitar-ho.

Quan es convoca una vaga, hi ha empresaris que amenacen els seus treballadors perquè seguisquen treballant i no secunden la vaga. Estes amenaces són il·legals, però els treballadors no les denuncien per por a ser acomiadats. Per això, existixen els **piquets informatius**: grups de persones que van als centres de treball per informar els treballadors del seu dret de fer vaga.

Les persones que van a treballar en un dia de vaga es diuen **esquirols**. Els esquirols són persones que no donen suport a les protestes dels seus companys que fan vaga. Com que la vaga es fa per aturar la producció, els esquirols li lleven força a la vaga, perquè ells sí que estan treballant, de manera que perjudiquen els seus companys.

A més, com que els esquirols no fan vaga, seguixen cobrant el seu salari, a diferència dels seus companys vaguistes. I si els vaguistes aconseguixen les millors condicions que reclamaven, els esquirols també se'n beneficien, encara que no hagen arriscat res. Per estos motius, els esquirols no estan ben vistos pels seus companys i creen mal ambient de treball.

Les vagues sectorials i generals

A vegades, el problema pel qual protesten els treballadors no es limita a una sola empresa, sinó que és compartit per tots els treballadors d'algun sector o d'algun país.

Per exemple, fa uns anys, els treballadors del transport per carretera (camioners i camioneres) patien molts accidents perquè els obligaven a treballar moltes hores seguides. Per això, van decidir fer vaga tots els treballadors del sector, de totes les empreses, per exigir al govern unes lleis que els protegiren i que prohibiren treballar tantes hores. Açò és una **vaga sectorial**, perquè hi deixaven de treballar alhora totes les persones que treballaven duent camions.

També ocorre que, a vegades, el govern decidix canviar les lleis amb l'excusa de reduir l'atur, però modifiquen les lleis d'una manera perjudicial per al treballador. Llavors, tots els treballadors del país decidixen fer una vaga alhora. Açò s'anomena una **vaga general**. Els governs intenten evitar les vagues generals, perquè els dies que els treballadors fan vaga, el govern no recapta imposts.

La representació dels treballadors a l'empresa

Una de les conquestes dels treballadors en la lluita obrera ha sigut aconseguir espais de representació a les empreses.

Estos espais de representació signifiquen que els treballadors d'una empresa poden posar-se d'acord i triar unes persones que els representen a tots. Estes persones són les **delegades** i els **delegats de personal**, que en grans empreses formen un **comité d'empresa**. Per triar estos delegats o el comité, se celebren **eleccions sindicals**.

A les eleccions sindicals, els treballadors hi trien els seus representants.

Els delegats i el comité són els que negocien amb els amos de l'empresa i els directius sobre tots els aspectes que influïxen en el treball: els horaris, els torns, els salaris... D'esta manera, els treballadors aconseguixen que la seua opinió es tinga en compte.

Hi ha empreses on no hi ha delegats de personal, perquè l'empresari amenaça o assetja els treballadors perquè no s'organitzen ni facen eleccions. Ocorre, sobretot, en xicotetes empreses, però també en algunes grans. Açò es diu **persecució sindical** i està prohibit. Tanmateix, molts treballadors no ho denuncien perquè temen que els acomiaden i quedar-se sense faena.

La importància dels sindicats

Per tot el que hem vist en este capítol, podem entendre com és d'important que els treballadors amb consciència s'afilien a un sindicat: així poden rebre ajuda quan patixen abusos de l'empresari, i poden lluitar tots junts per a millorar la situació dels treballadors.

A més, els afiliats a un sindicat poden votar les persones que el dirigiran i organitzaran: són organitzacions democràtiques. D'esta manera, si les persones que el dirigixen ho fan malament, els afiliats poden votar per a canviar-les i elegir altres persones.

Els sindicats són tan importants i necessaris, que a les empreses i sectors on els sindicats són més forts, les condicions de treball són molt millors: hi ha més descansos, més seguretat i millors salaris. Als sectors on els treballadors no s'organitzen, les condicions de treball són molt pitjors.

Hui en dia, els sindicats negocien amb els burgesos sobre els salaris, les vacances, els dies de permís, les hores de treball...

Afiliar-se a un sindicat és necessari, però no és prou: el sindicat servix per a millorar les condicions de treball, però no per a eliminar l'explotació. Per a això cal la lluita política, com veurem més avant.

8. La lluita ideològica: la consciència de classe

Hem vist abans que els treballadors, quan volen millorar les seues condicions, s'afilien a un sindicat, i d'esta manera lluiten per més descansos, un salari més alt o millor seguretat al treball. Tanmateix, seguixen estant en desavantatge: seguixen depenent de les decisions del burgés. El burgés seguix apropiant-se del seu treball.

Per este motiu, per arribar a l'alliberació dels treballadors, cal mamprendre la **lluita ideològica**: canviar les idees. Només quan tots els treballadors saben que són explotats i que han de fer alguna cosa per alliberar-se, podran posar-se d'acord i lluitar pels seus interessos. Per això és molt important estar ben informat i aprendre contínuament.

Per això, per a nosaltres, els treballadors, és fonamental el que anomenem **consciència de classe**: no oblidar mai que som treballadors, i que els altres treballadors estan en la mateixa situació d'explotació que nosaltres. Quan un treballador no té consciència de classe, acaba per defendre els interessos dels burgesos.

Els burgesos no només són els amos de les fàbriques i les empreses. També són els amos dels mitjans de comunicació i d'entreteniment. Són els que fan les pel·lícules que hui veiem al cine, els programes que veiem a la televisió, i les notícies que repetixen a la ràdio, la televisió i els periòdics. Empreses dirigides per burgesos elaboren els llibres de text amb què aprenem al col·legi.

Per exemple, quan els informatius parlen d'alguna notícia sobre protestes dels treballadors, acostumen a descriure els treballadors que protesten com a persones roïnes, violentes i vagues, i quan parlen dels motius de la protesta donen la raó al burgés (a l'empresari). A més, solen dir que els treballadors reclamen condicions injustes, o fins i tot intenten descriure'ls com a uns privilegiats, per tal que la resta dels treballadors en tinga mala imatge i no done suport a la seua lluita.

Quan vegeu les notícies, fixeu-vos en el que diuen cada vegada que parlen de les protestes dels treballadors, o de les vagues.

Un treballador sense consciència de classe veurà les notícies i pensarà que l'empresari està sent maltractat pels seus treballadors. Però un treballador amb consciència no s'oblidarà que els treballadors són més febles que l'empresari, i entendrà i donarà suport a les protestes dels seus companys treballadors.

Els mitjans de comunicació sempre parlen malament dels treballadors que es manifesten o fan vaga. És important saber-ho quan veiem les notícies a la televisió, la ràdio o el periòdic.

En definitiva, la consciència de classe ens ajuda a veure el món des del punt de vista dels nostres interessos.

Hui en dia, les idees burgeses estan molt esteses entre els treballadors. Molts justifiquen la manera d'actuar dels burgesos i assumixen com a cosa natural ser explotats per ells, encara que açò vaja en contra dels seus propis interessos. De la mateixa manera, molts d'estos treballadors creuen que seria injust expropiar les empreses o les fàbriques als burgesos. Açò es diu **alienació**: estos treballadors estan defenent els interessos dels burgesos per damunt dels seus propis.

Un altre exemple d'esta alienació ocorre quan es convoca una vaga i alguns treballadors defenen «el dret d'anar a treballar», és a dir, a perjudicar la vaga. Estos treballadors critiquen els seus companys vaguistes i els piquets informatius; ignoren que els que fan vaga reclamen millores per a tots, i que els piquets són necessaris perquè els empresaris amenacen els treballadors per tal que no facen vaga.

Açò passa perquè la majoria de la societat s'ha cregut el que diuen els burgesos a través dels mitjans de comunicació. La televisió, la ràdio, les pel·lícules, tots els mitjans ens envien el mateix missatge: hem de competir amb els altres, ser millors que ells i quedar-ne per damunt. Guanyar més diners que les altres persones, tindre una casa millor, un cotxe més car. Tots els mitjans ens repetixen que hem de fer-nos «emprenedors», fundar la nostra pròpia empresa, i ens posen els grans empresaris com a exemples d'èxit. Açò és el que anomenem **hegemonia**: la burgesia, que té el poder, decidix el que la resta ha de pensar.

Si ens aturem a analitzar-los, estos missatges són les idees dels burgesos, que els mitjans ens repetixen per tal que no pensem d'una altra manera. Ens diuen que hem de competir perquè així aconseguixen que no treballem junts; ens diuen que muntem una empresa per tal que ens sentim identificats amb els grans empresaris, perquè tinguem l'esperança de ser algun dia com ells.

D'esta manera, com que les persones treballadores pensen que algun dia podrien arribar a tindre empreses, estes mateixes persones rebutjaran qualsevol intent de llevar els privilegis als burgesos.

Però ja hem vist que açò és una il·lusió, una falsedat. La majoria de les persones treballadores no fundarà mai una empresa, i molt poques en tindran èxit com a empresàries, quasi totes les que ho intenten fracassaran. Per açò, a la majoria de les persones treballadores no ens convé competir. Podem aconseguir objectius molt millors si treballem a conjunt. I per això, hem de tindre clar que, si volem una societat que no abandone ningú, però on ningú tinga privilegis ni puga explotar els altres, totes i tots hi hem d'aportar i col·laborar.

Això és el que perseguixen la lluita ideològica i la consciència de classe: estes idees, beneficioses per a la classe treballadora, han de substituir les que ens transmet la burgesia. I especialment, han d'eliminar les idees burgeses més perjudicials, com el classisme, el masclisme, el racisme o la xenofòbia, de les quals parlarem al capítol següent.

9. TOTS TENIM ALGUNA COSA A APORTAR

Quan hem parlat de les classes socials, hem vist que als burgesos no els agrada que es parle de *burgesos* i de *proletaris*. Al contrari, preferixen que es parle de classe alta, mitjana i baixa. Ells solen pertànyer a la classe «alta» o «mitjana», i per això fomenten la idea que la «classe alta» és la millor i la «classe baixa» és la pitjor.

La realitat és diferent. Els treballadors no hem de diferenciar la gent segons quants diners guanyen. Per molts diners que puga guanyar un treballador, si no té mitjans de producció, en qualsevol moment pot perdre el treball i quedar-se desocupat. Com ja vam veure, el que definix un treballador és que només posseïx força de treball.

A més, com a treballadors amb consciència de classe, hem de tindre clar que totes les professions són necessàries i dignes. Els burgesos intenten que vegem algunes professions com a més dignes que altres, perquè així aconseguixen que els treballadors no estem units i no lluitem. Quantes vegades heu sentit algú menysprear altra persona perquè no té estudis superiors, o perquè treballa de cambrera o netejadora?

Fer este tipus de distincions entre els treballadors és **classisme**, i és una mala actitud. Haver estudiat més o menys no ens fa millors ni pitjors. Tindre una determinada professió tampoc no ens fa ser millors persones.

En la societat tots els treballadors som necessaris. Si no hi haguera persones netejant, viuríem en uns carrers bruts, treballaríem en llocs bruts, i probablement cauríem malalts. Si no hi haguera cambreres i cambrers, no podríem eixir a menjar fora de casa, ni a prendre un café o un refresc amb les amistats quan tenim temps lliure. Estes persones s'esforcen cada dia a fer el seu treball de la millor manera possible i mereixen el mateix respecte que les que exercixen qualsevol altra professió. El mateix es pot dir de tots els altres treballadors, siga quina siga la seua ocupació.

Igual ocorre amb els estudis: haver estudiat més anys no fa que el nostre treball siga més important. No serviria de res que tots fórem enginyers, llicenciats o arquitectes, perquè només se'n necessiten uns pocs, i una societat no pot funcionar sense el treball que realitzen totes les altres persones que no ho són. Un enginyer no servix per a res si no hi ha obrers que operen les màquines que inventa. Un arquitecte no servix per a res si no hi ha obrers de vila que construïsquen les cases que dissenya. Un despatx d'advocats no funcionarà si no hi ha persones secretàries rebent els clients per telèfon o per correu. No servix de res el treball d'un metge si no hi ha personal d'infermeria cuidant els malalts.

La persona que treballa en un bar, servint begudes o plats, o la persona que està atenent el públic en una botiga, es mereix el mateix respecte que la persona que compra en eixa botiga o consumix en eixe bar. La persona que agrana i neteja el carrer es mereix el mateix respecte que els que l'usen i hi caminen. Per això és important recordar que hem de tractar totes les persones treballadores amb el màxim respecte i cordialitat.

No importa quin siga el seu treball: totes les persones de la classe treballadora són igual de valuoses.

La intolerància

A més de pel seu treball, moltes vegades ens trobem que algunes persones són menyspreades per altres detalls, malauradament. Segur que recordareu ocasions en què heu sentit comentaris desagradables cap a les dones, cap als estrangers o cap a la gent amb un altre color de pell.

Durant molts segles, les dones han patit una vergonyosa opressió. Fins fa molt poc, a la nostra societat, les dones tenien molt pocs drets. Per sort, les dones que van exercir la lluita feminista han anat aconseguint la igualtat de drets entre dones i homes. Hui en dia, encara hi ha algunes actituds que menyspreen la dona, és el que anomenem **masclisme**. Totes les actituds que menyspreen la dona són incorrectes, perquè tant les dones com els homes són persones igual de necessàries. Una societat que no els tracte per igual sempre estarà endarrerida i serà injusta. El masclisme oprimix la dona, i perjudica tot el món.

Les persones amb un color de pell o uns trets facials diferents dels nostres també patixen sovint menyspreu, comentaris ofensius, i a vegades reben un tracte pitjor al treball. Açò es diu **racisme**. El color de pell ningú el tria, i és el resultat de l'herència familiar. Per això, menysprear algú pel color de pell o els trets està malament: tots nosaltres som igual de capaços de desenvolupar el nostre treball i ajudar els altres, té igual el nostre color.

Altres persones que també patixen discriminació són les persones que van nàixer en un altre país, i ara viuen i treballen amb nosaltres. La discriminació cap a les persones estrangeres es diu **xenofòbia**, i com els altres tipus de discriminació, és incorrecta i ens perjudica a tots. Ningú escull el país on naix, i no sabem els motius que han mogut estes persones a emigrar cap ací. A més, les persones que vénen d'altres països poden ensenyar-nos moltes coses que no sabem, així que ens poden enriquir.

Hi ha qui diu que estes persones que van nàixer en un altre país ens estan perjudicant, diuen que ens lleven la faena o que vénen a robar. Açò és mentida: estes persones volen i necessiten treballar igual que nosaltres, i no són els causants de l'atur. Criticar les persones estrangeres és una manera de distraure'ns del vertader problema: qui ens explota, qui ens furta la riquesa del nostre treball, no són les persones estrangeres, sinó els burgesos.

I açò mateix és el que s'aconseguix amb les altres actituds. Els burgesos fomenten el classisme per tal que els treballadors competim i lluitem entre nosaltres, i així ens oblidem d'ells. Fomenten el masclisme per anul·lar la força de les dones treballadores. Fomenten el racisme i la xenofòbia perquè així pensem que els treballadors que vénen d'altres països són els nostres enemics. I d'esta manera, ens oblidem que són els burgesos qui s'aprofiten del nostre treball.

I no és això el que ens dicta la nostra consciència de classe: tots els treballadors (dones i homes, d'ací o de fora) som diferents, però els nostres problemes i els nostres interessos són els mateixos, tots patim l'explotació. Totes les persones treballadores aportem alguna cosa a esta societat i podem col·laborar per fer-la millor.

No importa la procedència, la raça o el gènere: tota la classe treballadora ha de treballar unida.

10. EL SISTEMA POLÍTIC CAPITALISTA

Com hem comentat abans, al País Valencià vivim en el capitalisme. Els països capitalistes d'Europa solen tindre tots el mateix sistema polític, la **democràcia burgesa**. Veurem el perquè d'este nom.

Democràcia és una paraula que van inventar els grecs en l'Antiguitat i que significa 'govern del poble', és a dir, en una democràcia, tot el poble hi participa.

En la democràcia burgesa que existix a Espanya des de 1978, tots els ciutadans hi triem cada quatre anys els membres del parlament (el Congrés dels Diputats) i del Senat. Estos membres seran els representants de la gent. Este procés l'anomenem **eleccions**.

Existixen eleccions de diversos tipus:

- Les eleccions **municipals** servixen per a triar els regidors. Després, els regidors triaran l'alcalde o l'alcaldessa, que és qui dirigix el govern de la ciutat o del poble.

- Les eleccions **autonòmiques** servixen per a triar els membres del parlament de la comunitat autònoma. En el nostre cas, votem els membres de les Corts Valencianes, que són qui triaran després el president o la presidenta de la Generalitat Valenciana.

- Les eleccions **generals** servixen per a triar els membres del Congrés dels Diputats i el Senat.

Les persones escollides a les eleccions són les que formaran el govern i proposaran i exerciran les lleis i ordenances.

Qui vol representar la ciutadania, pot presentar-se a les eleccions. Però, per a presentar-s'hi, ho ha de fer en nom d'algun partit polític.

Existixen diversos partits polítics, que representen diverses ideologies. Fins ara, els dos més grans representen les ideologies que ells anomenen «moderades». Són els que han estat més temps al govern: el PSOE[6], que representa unes idees socialment més innovadores, i el PP[7], que

---

6   PSOE significa *Partit Socialista Obrer Espanyol*. Va ser fundat per Pablo Iglesias el 1879. Els presidents espanyols Felipe González, José Luis Rodríguez Zapatero i Pedro Sánchez pertanyien a este partit. També va estar al govern durant la Guerra Civil. Quant al País Valencià, els presidents Joan Lerma i Ximo Puig pertanyen al PSOE.

representa unes idees més tradicionals. Són els partits amb més votants i també amb més recursos econòmics.

Existixen també altres partits que representen altres ideologies. Tanmateix, estos partits i quasi tots els altres accepten el capitalisme com a sistema econòmic, és a dir, accepten l'explotació dels treballadors com a normal. Només alguns en volen eliminar l'explotació (són els partits obrers, i en parlarem a la pàgina 77).

Els defensors de la democràcia burgesa sempre asseguren que és el millor sistema polític per la pluralitat, perquè hi ha diferents partits que representen les diferents idees de la societat, segons ells. Tanmateix, açò no és del tot cert. Tot i que segons les normes qualsevol pot formar un partit i presentar-se a les eleccions, la realitat és molt més difícil. Pots fundar un partit nou, però el teu èxit a les eleccions dependrà en gran part dels diners que tingues per a fer publicitat als mitjans de comunicació o per a convocar actes. Si no tens diners, no podràs fer publicitat, la gent no coneixerà el teu partit i no rebràs vots.

Per això, els treballadors, que solen tindre menys diners, ho tenen molt més difícil que els burgesos per arribar al govern. Un exemple d'açò és el partit Ciutadans (C's), que es va crear fa poc temps, però ha aconseguit molts seguidors ràpidament perquè compta amb el suport de la

---

7   PP significa *Partit Popular*. Va ser fundat el 1989. Els presidents espanyols José María Aznar i Mariano Rajoy pertanyien a este partit, així com els presidents de la Generalitat Eduardo Zaplana, Francisco Camps i Alberto Fabra.

burgesia. Per això ha tingut molta publicitat i s'ha pogut fer molt conegut.

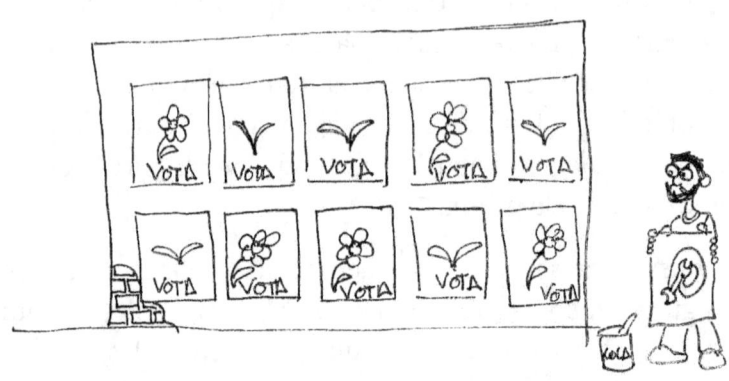

En el sistema polític capitalista, encara que els treballadors creen un partit, és molt difícil per a ells obrir-se pas entre els partits que ja hi existixen.

Una altra opció per a participar en la política és afiliar-se (inscriure's) a un partit polític que ja existix. Tanmateix, el seu funcionament és complex i a vegades no molt democràtic. Hi ha partits en què tot es decidix als nivells més alts, mentre que els afiliats no poden fer valer la seua opinió perquè no existixen mecanismes per a això.

Per totes estes dificultats, hi ha moltes persones a qui deixa d'interessar-les la política, perquè s'adonen que és molt difícil influir en el que faça el govern. I açò ocorre molt més sovint entre les persones de classe treballadora, perquè són qui menys possibilitats tenen de fer que la seua veu s'escolte.

Este és el motiu que anomenem al nostre sistema *democràcia burgesa*: els qui manen són els burgesos (els capitalistes, els empresaris), que tenen més recursos per a fer política i influir-hi. Ells són els que tenen el poder de decisió sobre el que passa al país. A les eleccions, hi podem votar tots, però el govern patix fortes pressions dels amos de les grans empreses, perquè són els que tenen els diners. Així, sense importar quin partit guanye, els burgesos aconseguixen que el govern faça lleis que els afavorisquen. Els treballadors hi tenim poc a dir. Per això, és un sistema fet pels burgesos i per als burgesos: les persones treballadores només hi podem opinar votant.

Davant esta situació, si els treballadors volen participar en el sistema burgés de partits, han de fundar partits propis, amb funcionament democràtic. Però si volen arribar al poder, els partits dels treballadors no es poden conformar presentant-se a les eleccions i guanyar alguns representants, sinó que han de fer una tasca molt més completa. En parlarem més avant.

11. El socialisme i el comunisme

Com hem explicat abans, la lluita de classes consistix en el fet que la classe explotadora i la classe explotada tenen interesses contraris. Al capitalisme, uns (els burgesos) viuen d'explotar els altres. Els altres (els treballadors) no volen ser explotats. Per això no hi ha cap sistema que beneficie els dos.

Per això, l'única manera que tenen els treballadors per a deixar d'estar explotats és prenent el poder (mitjançant una *revolució*) i establint un sistema diferent: un sistema en què el treball es repartix entre tots i en què el fruit del treball és compartit per la comunitat, sense que hi haja ningú que visca del treball dels altres.

Este sistema es diu **socialisme** i existix als països socialistes. Al socialisme, el govern està compost de treballadors i elegit per ells, i els treballadors ho decidixen tot.

Per a arribar al socialisme, és necessari establir la *dictadura del proletariat*. El nom segurament vos sone malament, perquè *dictadura* normalment significa que algú mana i els altres només poden obeir. Però ja hem vist que el sistema en què vivim, la democràcia burgesa, està fet perquè hi manen els burgesos, així que podríem anomenar-la *dictadura del capital*. El *proletariat* és un altre nom per anomenar el conjunt dels treballadors, així que, a la *dictadura del proletariat*, qui mana són els treballadors.

És en esta etapa quan el nou govern dels treballadors expropia les terres i les fàbriques als burgesos. Així, les terres i les fàbriques passen a pertànyer a tots els treballadors, no a una sola persona. Les persones que treballen el camp o que treballe a la fàbrica, ara en són les ames. No és més just així?

D'esta manera, les decisions sobre les terres i les fàbriques les prenen els treballadors a través de l'Estat, que els representa.

D'altra banda, quan vam parlar del capitalisme, vam dir que els capitalistes decidien el que fabricaven segons el que els donara més beneficis. Açò no ocorre en el socialisme. Atés que tots els treballadors són els amos de les fàbriques i les terres, es cultiva i es fabrica el que la gent necessita, tot i no donar beneficis. D'esta manera s'assegura que tot el món cobrix les seues necessitats.

El socialisme funciona segons el principi de «*a cada u segons el seu treball*». És a dir, que tot el món ha de treballar si vol tindre alguna cosa per a menjar. Així tota la gent contribuïx a fer prosperar i millorar la societat, el país i el món.

Per descomptat, açò no inclou la gent que no pot treballar. Tot el món ha de treballar en la mesura que puga, però qui no pot no serà abandonat per la resta de la societat.

De la mateixa manera, en el socialisme, l'educació i la sanitat hi són gratuïtes per a tot el món. Així es garantix que totes les persones que naixen i creixen en el socialisme tenen les mateixes possibilitats. En el capitalisme, les persones que tenen més diners poden pagar als seus fills uns col·legis millors i, si es posen malalts, van als millors hospitals, que costen més cars. En el socialisme açò no és necessari, perquè els col·legis i els hospitals són els mateixos i donen les mateixes oportunitats a totes les persones.

El sistema polític socialista

A la pàgina 65 vam veure com funcionava el sistema polític capitalista. El sistema socialista, però, funciona d'una altra manera.

Vam veure que per a participar en el sistema capitalista és necessari afiliar-se a un partit polític o crear-ne un, i intentar fer valer les idees a través d'ell i dels seus candidats. Esta és l'única manera de participar en la política a un país capitalista.

A un país socialista, en què els treballadors han arribat al poder, les eleccions no es fan per partits. A cada barri i poble, s'hi formen assemblees: són reunions de veïns on es tracten les qüestions polítiques locals i decidixen entre tots el que es farà per a resoldre els problemes. Tots els treballadors tenen veu i vot en estes assemblees, amb la qual cosa hi pot participar qui vullga. Quan cal triar les persones candidates per als governs municipals o del país, estes assemblees són les que les proposen.

*Als països socialistes, les decisions
s'hi prenen en assemblees, on
participa tot el món.*

D'esta manera, qualsevol persona pot presentar-se com a candidata als òrgans de govern, convencent la seua assemblea local i després donant-se a conéixer als altres veïns perquè puguen decidir si volen votar-la a ella o qualsevol de les altres persones candidates.

Este sistema no només permet participar en la política a les persones candidates, sinó també a les que no ho són, perquè a les assemblees, tot el món hi pot opinar, debatre i suggerir.

El comunisme

El socialisme, tanmateix, no és una societat perfecta, és una situació temporal. Hem dit que a cadascú se li paga segons el seu treball, però sabem que no tots poden treballar igual. Hi ha persones que aguanten treballs més durs i altres que no; algunes que poden aguantar moltes hores seguides treballant i altres que no poden. Per això, si cobren segons el seu treball, seguirà havent-hi gent que visca en millors condicions.

Açò ocorre perquè, encara que els burgesos ja no siguen els propietaris de les empreses, les fàbriques i els camps, seguiran durant un temps intentant recuperar els seus privilegis, i molta gent encara seguirà tenint una mentalitat capitalista fins molts anys després d'haver-se implantat el socialisme. En esta etapa socialista, és necessària una forta labor d'educació perquè la gent s'acostume a viure en este nou sistema, en què els mitjans de producció són de tota la societat i no hi ha ningú que explote altra persona. La gent s'ha d'acostumar a tindre cobertes les necessitats i assumir que no necessita acumular diners, ni queviures, ni altres propietats.

El socialisme és una situació temporal, com hem dit, perquè el sistema a què aspirem no és eixe. El sistema a què volem arribar es diu **comunisme**. En el comunisme, el treball ocorre de manera cooperativa, tot el món col·labora en el treball per aconseguir productes per a tota la societat.

A diferència del socialisme, que existix a alguns països, el comunisme encara no n'ha existit a cap. Açò és així perquè el comunisme només pot existir si es dóna al món sencer: per arribar al comunisme, és necessari que hi haja recursos suficients i en abundància per a tota la població. A més, es necessiten uns avanços tècnics que encara no tenim, però que arribaran si seguim investigant en ciència i tecnologia.

Si en el socialisme cadascú rebia el que correspon al seu treball, això en el comunisme ja no ocorre, perquè no és necessari. En el comunisme tot el món treballa tant com pot i tria lliurement en què vol treballar; d'altra banda, atés que no tot el món té les mateixes necessitats, cadascú rep el que necessita. D'ací que el principi del comunisme siga «*de cada u segons la seua capacitat, a cada u segons la seua necessitat*».

En una societat d'este tipus no caldran diners, ni es compraran ni es vendran coses. I d'esta manera, atés que tot el món tindrà el que necessita, no hi haurà egoisme ni avarícia.

Per això, el comunisme és el sistema que garantix la **igualtat social**, una situació en què totes les persones ocupen el mateix lloc a la societat i no n'hi ha cap per damunt de les altres.

12. La lluita política: el partit obrer

Una vegada explicat el sistema al qual volem arribar, el comunisme, tornem a l'última fase de la lluita.

Al capítol sobre els sindicats, hi vam veure que els treballadors en la seua lluita es plantegen uns objectius immediats. En general, solen ser la millora de les condicions de treball: treballar menys hores, el dret a dies de vacances, descansos per a menjar, augments de salari... Tanmateix, prompte s'adonen que estes millores no acabaran amb la seua explotació, només la faran temporalment més suportable.

A més, encara que els treballadors aconseguisquen estes millores, normalment no duren molt. Quan el capitalisme entra en una de les seues crisis, els empresaris aprofiten per a empitjorar les condicions laborals dels treballadors, per tal que treballen més temps i cobren menys diners. I com que en crisi puja l'atur, els treballadors es queixen menys i accepten pitjors condicions de treball.

D'altra banda, l'Estat, que està fet per burgesos i per a burgesos, sempre defén els interessos burgesos quan els treballadors s'hi enfronten. Per exemple, quan els treballadors, per protestar, ocupen una fàbrica o en bloquegen l'entrada, el burgés amo de la fàbrica pot cridar la policia perquè en desallotge els treballadors. D'esta manera, el burgés se servix de l'Estat per a aconseguir els seus objectius.

Açò és així perquè, segons la llei, el burgés és l'amo dels mitjans de producció, així que l'Estat accepta que faça amb eixos mitjans el que vullga. Si vol impedir-hi l'entrada dels treballadors, pot fer-ho.

Els treballadors s'adonen que, per a deixar de ser explotats, han d'aconseguir que l'explotació no siga legal. I per a això ha d'eliminar-se la propietat privada, és a dir, que una fàbrica no pertanga a un burgés que no hi treballa, sinó que siga propietat de totes les persones de classe treballadora.

Per a aconseguir este objectiu polític, igual que en el cas del sindicat, els treballadors s'han d'unir, per tal que la seua força siga més gran, i mamprendre la **lluita política**. I per això s'agrupen en un **partit polític**, el partit obrer. Tot i que en els sistemes polítics burgesos (com el nostre) existixen molts partits polítics, i existixen treballadors que voten tots ells, només pot anomenar-se partit obrer aquell que vol eliminar el domini dels burgesos i l'explotació. Estos partits solen anomenar-se **partits comunistes**, tot i que poden tindre noms molt diversos.

Els partits obrers es presenten a les eleccions als països capitalistes, per accedir al parlament i poder influir en les decisions del govern o fer valer la seua veu. Tanmateix, estos partits no poden fer només això: també han de crear consciència i ensenyar als treballadors, fer-los veure que és necessari organitzar-se per a prendre el poder, i que la presa del poder no es pot fer a través del parlament, sinó que cal preparar la revolució.

Per això, els membres dels partits obrers han d'estar presents a tots els moviments socials, per crear consciència obrera. Per exemple, a les manifestacions contra els desnonaments o contra les reformes laborals. A més, han d'estar presents als centres de treball, i organitzar activitats (xarrades, tallers) per ensenyar i conscienciar els treballadors sobre les lluites obreres.

El partit obrer ha d'estar a tots els centres de treball.

L'objectiu del partit obrer és incorporar-hi tots els treballadors, per poder representar-los a tots.

13. ELS PAÏSOS SOCIALISTES

Quan parlàrem de l'imperialisme, vam dir que hi havia alguns països on els treballadors s'havien organitzat i havien dut a terme revolucions. En estes revolucions s'establiren Estats socialistes; alguns seguixen existint, i altres han tornat a ser capitalistes. Vegem-ne alguns.

Cuba

Cuba és una illa que es troba al mar Carib. Va ser conquerida per Castella fa cinc-cents anys, i fins fa poc més d'un segle pertanyia a Espanya. Tanmateix, els cubans volien ser independents, i al final del segle XIX van començar a lluitar per la seua independència. En eixa època, els Estats Units van declarar la guerra contra Espanya i la van guanyar, així que es quedaren amb Cuba, Puerto Rico i Filipines, tot i que Cuba se'n va independitzar poc després. No obstant això, el sistema capitalista que suportaven els treballadors cubans era molt dur, perquè treballaven molt i passaven molta fam, i estaven governats per un dictador triat pels Estats Units. D'esta manera, Cuba estava sotmesa als interessos de les empreses estatunidenques[8].

El 1956, el dictador que estava en el poder es deia Fulgencio Batista, i el poble treballador cubà va decidir rebel·lar-se contra ell. Quan van aconseguir fer-lo fora del poder, hi van establir un Estat socialista. Des d'aleshores, els Estats Units han sotmés Cuba a un bloqueig econòmic, és a dir, prohibixen als ciutadans estatunidencs comprar o vendre coses a Cuba, o anar-hi de visita. Fins i tot en estes dures condicions, Cuba ha establit un país pròsper on ningú passa fam, tot el món té casa, i gaudixen d'una molt bona educació i sanitat. És el país d'Amèrica Llatina amb menys analfabetisme i menys desnutrició. A més, és el país amb més metges del món, i molts d'eixos metges se'n van de missió a països pobres per ajudar-hi en allò que poden.

Cuba en l'actualitat és un exemple de com funciona el sistema polític socialista, el que vam descriure a la pàgina 73. Cada cinc anys hi ha eleccions a l'assemblea nacional, on participa quasi tot el món i tria el representant que més li agrada. No s'hi vota a partits sinó a persones, que han de convéncer els veïns per aconseguir-ne el vot. Els polítics no cobren més per la seua labor política, sinó que mantenen el salari del treball on treballaven abans.

D'altra banda, a Cuba l'economia hi està planificada, segons els principis socialistes. Per això, a cada persona li correspon una certa quantitat de menjar que pot adquirir a

---

8   Açò passa hui en molts altres països d'Amèrica i Oceania.

preus molt baixos a les botigues del govern. A part d'esta quantitat, sempre poden comprar més menjar a preus més alts, però així s'asseguren que tot el món té prou menjar per a viure. De la mateixa manera, tot el món té un habitatge, que pot ser propi o llogat a l'Estat.

La Unió Soviètica

Rússia és el país més gran del món. El 1917, el país es trobava immers en la Primera Guerra Mundial. Però els treballadors russos passaven fam, molts d'ells vivien en males condicions i, a més, no volien anar a la guerra i morir-hi. Així que es van rebel·lar contra l'emperador (allà es deia *tsar*) i el seu govern i van establir un govern dels treballadors. Al començament els va costar, i es van trobar amb l'oposició dels burgesos, que van declarar la guerra civil al nou govern. Però els treballadors van guanyar la guerra i van transformar el país al socialisme. El van anomenar **Unió Soviètica**, i el nom ve perquè a cada barri i a cada poble, s'hi van establir unes assemblees de veïns que es deien «soviets» i on tot el món podia participar i decidir.

Abans d'arribar els treballadors al poder, Rússia era un país molt endarrerit, a penes tenia indústria i quasi tot el món treballava als camps dels senyors feudals. Però, amb el govern socialista, la Unió Soviètica va avançar molt més ràpid que la resta dels països del món. Hi van establir moltes indústries, van aconseguir guanyar la Segona Guerra Mundial que li havien declarat els alemanys... fins i tot van ser el primer país que va aconseguir enviar a l'espai un animal, un home i una dona[9]. La Unió Soviètica va destacar als esports i a la cultura, i va arribar a organitzar i celebrar uns Jocs Olímpics, els de Moscou el 1980.

Tanmateix, la Unió Soviètica va abandonar a poc a poc les polítiques socialistes perquè la mentalitat capitalista no hi va arribar a desaparéixer mai. El 1990 els governants soviètics van decidir tornar al capitalisme, en contra del desig dels treballadors (que havien votat que es mantinguera la Unió Soviètica). Des d'aleshores, la pobresa i la delinqüència s'han disparat a Rússia.

El Kremlin és un palau a Moscou. Allà hi era el govern soviètic.

A més de la Unió Soviètica, quasi tots els països de l'est d'Europa (com ara Polònia, Romania, Hongria o Iugoslàvia, a més de la meitat d'Alemanya) van tindre governs socialistes, però el 1990 es van dissoldre tots quasi alhora.

Altres països

A l'extrem oriental d'Àsia, enfront del Japó, s'hi troba la Península de Corea. Després de la Segona Guerra Mundial, la

---

9 El programa espacial de la Unió Soviètica va enviar a l'espai Yuri Gagarin el 1961 i Valentina Tereshkova el 1963, van ser els primers **cosmonautes**. Però abans d'ells, el 1957, el primer animal que va estar a l'espai va ser la gossa Laika.

península va quedar dividida, i a la meitat nord, els treballadors hi van establir un govern socialista. Tanmateix, la meitat sud, on es va establir un govern capitalista amb el suport dels Estats Units, va declarar la guerra al nord, i fins hui no han volgut signar la pau. **Corea del Nord** és un Estat amb algunes característiques socialistes, però que no és completament socialista per molts motius, entre altres per la seua situació especial, perquè fa seixanta anys que està en guerra i sota l'amenaça directa dels Estats Units (l'exèrcit més potent del món).

Alguns països àrabs han tingut governs que han barrejat alguns trets socialistes amb altres de la cultura tradicional. Els més importants en van ser Egipte, Líbia, Iraq, Tunísia o Síria. D'entre ells, Iraq, Líbia i Síria van ser envaïts pels Estats Units i els seus aliats per eliminar eixos governs. Cap d'estos països conserva elements socialistes ja.

Existixen altres països que han sigut socialistes, com ara la Xina o Vietnam, i que després han retrocedit, així que ja no són socialistes.

14. El futur del planeta Terra

Quan vam analitzar el funcionament del capitalisme, al capítol 3, hi vam veure que la intenció dels burgesos sempre és guanyar més diners, i per a guanyar més diners, produïxen més i més productes.

A més, vam veure que els productes que es produïxen en el capitalisme són els que més beneficis generen per als burgesos, però no sempre són els que necessita la gent.

Per això, els burgesos s'han servit de diverses tàctiques per tal que comprem els seus productes. Una d'estes tàctiques, per exemple, és fabricar productes que es desbaraten ràpidament, perquè hàgem de comprar-ne uns altres nous i així els proporcionem encara més beneficis.

Açò, d'una banda, és negatiu per a nosaltres com a treballadors, perquè estem gastant els nostres diners en productes de baixa qualitat que, a més, ens obligaran a comprar-ne un altre nou tan bon punt es desbaraten.

Però l'impacte negatiu és per al nostre planeta en general. Tots estos productes requerixen una determinada energia per a ser fabricats, i esta energia procedix del petroli i del gas, majoritàriament. El petroli i el gas són fonts energètiques limitades, és a dir, si seguim fent-les servir, s'acabaran per esgotar. I no només això: quan utilitzem petroli i gas estem alliberant contaminació, estem embrutant l'aire i l'aigua, que necessitem per a viure.

Però no només el petroli i el gas són recursos limitats; tots els recursos del planeta Terra ho són. Si embrutem l'aire, no podrem respirar-lo després, perquè no podem fabricar-ne més. Si tallem els arbres del bosc per utilitzar-ne la fusta o per convertir-lo en hort o en ciutat, no hi haurà res que netege l'aire, perquè són els arbres els que es dediquen a netejar-lo. Si embrutem l'aigua, ja no ens servirà per a beure, per a cuinar o per a llavar-nos.

A açò, hi hem d'afegir tota la quantitat de fem que es genera per estos productes que ja no servixen. Com que cada vegada consumim més productes, també els tirem a un ritme més ràpid i, per tant, generem més fem cada dia. A més, a la Terra hi som ja 7.500 milions de persones, més que mai abans en la història.

Açò al començament no era un problema, però hui sí que ho és. La brossa s'acumula en abocadors, però cada vegada en calen més i són més grans. A més, cada vegada més fem arriba al mar i acaba per embrutar-lo.

Fa unes quantes dècades, ja les persones s'adonaren d'este problema i va sorgir l'**ecologisme**, un moviment social que es dedica a preocupar-se per la salut del nostre planeta. Per això ara coneixem el que és la reutilització i el reciclatge: abans de tirar alguna cosa hem d'intentar donar-li una altra utilitat, i si no podem, intentarem transformar-lo en una altra cosa. Si no podem transformar-lo nosaltres, existixen empreses de reciclatge que ho faran en el nostre lloc. D'eixa manera, amb el paper i el cartó que tirem, pot fer-s'hi més paper, i amb això s'evita talar més arbres. També poden reciclar-se els envasos de plàstic, metall, vidre...

Malgrat totes estes iniciatives, la quantitat de fem que llancem i que no es pot reciclar seguix sent cada dia més gran. Això és així perquè l'ecologisme no s'ha dedicat a resoldre la causa del problema. I, si analitzem el problema, la causa és el sistema capitalista, que produïx cada vegada més productes que no necessitem, i ens obliga a consumir-ne més i llançar més fem.

Per això, el socialisme (i posteriorment, el comunisme), com a sistema econòmic on es planifica la producció en funció del que la gent necessita, és una solució a este gran problema del medi ambient. Només quan consumim el que necessitem (i no més), aconseguirem començar a controlar el fem que llancem al planeta i que l'embruta.

I no només el fem: també hem de començar a consumir menys energia i obtindre-la de fonts que no s'esgoten (dcl sol, del vent, del mar), i només podrem aconseguir-ho si organitzem la nostra economia.

Hui en dia, Cuba, un país socialista, és l'únic país del món que du a terme el desenvolupament sostenible.

15. Filosofia i història del socialisme. Karl Marx i el marxisme

Karl Marx

En este llibre hem parlat de classes socials, de lluita de classes, de consciència, de sindicats i partits polítics. Però estos conceptes no es coneixien fa dos-cents anys, perquè la societat era diferent. El capitalisme estava començant a desenvolupar-se i estendre's pel món.

De la mateixa manera que es desenvolupava el capitalisme i s'empitjoraven les condicions de treball dels treballadors, va anar sorgint en ells la consciència i la necessitat de fer alguna cosa per tal de millorar la seua situació. Per això, al segle XIX nasqueren diferents corrents de pensament que anomenem socialistes.

El 1818 nasqué a Alemanya un senyor anomenat **Karl Marx**. Marx va ser el fill d'un advocat i va entrar a la universitat per estudiar-hi dret, història i filosofia. Des dels seus anys d'universitat, es va preocupar per la situació dels obrers i llauradors que vivien a la seua regió.

Marx va desenvolupar una filosofia que anomenem el **materialisme històric**. El materialisme històric afirma que el que ens mou com a societat a evolucionar són la necessitat i la fam; s'oposa a l'idealisme, que afirma que ens mouen les idees (religió, justícia, llibertat). Per tant, esta visió materialista  concep la història com una cosa fortament marcada per la lluita de classes: el fet que classes socials diferents tinguen interessos contraris.

Marx no només va ser filòsof, sinó que també es dedicà al periodisme, a l'economia, a la política. Junt amb Friedrich Engels, un altre senyor amb qui coincidia en idees i plantejaments, va escriure el 1848 el *Manifest del Partit Comunista*: un llibre on plantejava les idees fonamentals del moviment per l'alliberació dels treballadors.

El 1869, a més, va començar a publicar *El Capital*, el seu llibre més important. En este llibre, Marx descriu com funciona l'economia capitalista i la llei del valor (la que vérem al principi del llibre). Fins hui, *El Capital* és el llibre que millor explica el capitalisme.

Per tot açò, els seguidors de les idees filosòfiques i polítiques de Marx i Engels s'anomenen **marxistes** i seguixen el **marxisme**.

Marx va morir el 1883, malalt i pobre, però deixant al darrere un ric llegat d'idees, a les quals hem d'estar agraïts els treballadors.

El marxisme-leninisme

La mort de Marx no va significar la fi de les seues idees sinó el començament, atés que l'efecte que havien tingut en la lluita obrera va ser molt gran. Es van organitzar grups de treballadors per tot el món, que van intentar dur a terme la revolució socialista de diferents maneres.

On primer va ser possible esta revolució socialista va ser a Rússia, com vam comentar al capítol anterior. A començaments del segle xx, els treballadors russos passaven fam i treballaven en unes condicions molt roïnes. Ja l'any 1905 s'havien rebel·lat contra el govern, però no aconseguiren prendre el poder, i el tsar (l'emperador rus) va enviar els líders socialistes a presó o a l'exili. El 1917, els obrers estaven famolencs i molt cansats de la guerra en què estava involucrada Rússia[10], així que després de diverses vagues i revoltes, van aconseguir prendre el govern.

---

10 Rússia es trobava immersa en la Primera Guerra Mundial, que havia començat l'any 1914 i enfrontava Rússia, Anglaterra, França i Itàlia contra Alemanya, Àustria-Hongria i l'Imperi Otomà. Gràcies a la revolució, Rússia es va retirar de la guerra.

Esta revolució la va encapçalar un home a qui deien **Lenin**, que formava part del *partit bolxevic*. Atés que Lenin va ser la figura principal que va idear l'estratègia per a la revolució, la ideologia que defengué la revolució i la que seguixen els comunistes de hui es diu **marxisme-leninisme**: les idees de Marx i de Lenin.

El marxisme-leninisme no s'ha quedat estancat en les idees de fa un segle, sinó que s'ha anat enriquint amb les idees de molts altres pensadors de totes les parts del món, algunes enfrontades entre si, però que han suposat una aportació molt valuosa a la lluita obrera. Entre ells destaquen Rosa Luxemburg, Antonio Gramsci, Ernesto 'Che' Guevara, Mao Tse-Tung o Fidel Castro, encara que hi ha molts més autors imprescindibles.

16. Aclarint alguns dubtes

En esta secció respondrem algunes preguntes freqüents que no hem tractat als capítols anteriors.

Per què hi ha gent que vol treballar però no té treball?

En el sistema econòmic en què vivim, el capitalisme, el treball no es repartix entre tot el món. Sempre hi ha una certa quantitat de gent que es troba **desocupada**, o com diem normalment, estan *aturats*.

Hi ha gent que pensa que la culpa de l'atur és de les màquines. Hem vist que en el capitalisme, les empreses competixen entre si pels beneficis, així que contínuament estan intentant millorar els seus processos i màquines per a produir d'una manera més barata.

És veritat que, quan s'introduïxen màquines en una fàbrica, molts treballadors deixen de ser-hi necessaris. Però també és veritat que estos treballadors no es queden aturats per sempre, perquè altres burgesos creen altres indústries on els poden contractar.

No obstant això, els burgesos es beneficien del fet que hi haja treballadors desocupats. D'una banda, açò els permet pagar salaris baixos: la gent preferix cobrar menys diners però estar treballant. D'esta manera, si algun empleat demana cobrar un salari més alt, el burgés pot acomiadar-lo i contractar un desocupat que es conforme amb un salari baix. D'altra banda, faran el mateix si algun empleat reclama millors condicions de treball. Si no hi haguera desocupats, el burgés no podria fer açò i els treballadors no tindrien por de mobilitzar-se.

Per això, els governs actuals, que estan a favor del capitalisme, no fan res per evitar l'atur: perquè si tot el món tinguera treball, el sistema capitalista no funcionaria.

És veritat que els empresaris donen treball?

Una frase que deveu haver sentit molt, o segur que sentireu durant la vida, és que «els empresaris creen treball» o «donen treball». Quan s'instal·la una fàbrica en una ciutat, o s'hi obri un nou comerç, els mitjans de comunicació diuen, per exemple, que «la nova empresa donarà treball a 300 persones».

Estes frases després les repetix la gent, i diuen que l'empresa és molt bona perquè *donarà molt de treball*.

Estes frases reflectixen el punt de vista del burgés. Als burgesos els agrada dir que ells «donen treball», és a dir, que gràcies a ells, els treballadors tenen un lloc on anar a treballar i hi reben un salari.

Per este motiu, moltes vegades sentim la gent, els mitjans de comunicació i molts polítics dir que «els empresaris creen riquesa», perquè els empresaris establixen empreses i contracten treballadors.

El punt de vista del treballador, tanmateix, no pot ser eixe. Les frases anteriors ignoren un factor important: les empreses **necessiten** els treballadors per a funcionar. El treball que exercixen els treballadors és el que permet a l'empresari obtindre beneficis i augmentar el capital; i, com hem vist abans, els treballadors només reben pagament per una part del seu temps de treball, ja que l'altra part és la que contribuïx a enriquir l'empresari.

Per això, podem afirmar sense enganyar-nos que el burgés no «*dóna* treball» als treballadors, sinó que se n'aprofita. Quan el burgés contracta el treballador, el que fa és **comprar-ne** la força de treball i pagar-li menys del que produïx.

A més, açò significa que **és el treballador qui crea la riquesa**. Este és el motiu que als empresaris els facen por les vagues, per exemple: si els treballadors deixen de treballar, no es crea riquesa, i l'empresari no guanya diners.

Mentre que el treballador aporta valor amb el seu treball, l'únic que hi aporta el burgés és el capital inicial, és a dir, no crea res de nou, i sens dubte, no crea la riquesa.

Hi ha empresaris que també "treballen". Per què no són també classe treballadora?

Quan vam parlar de les classes socials, vam distingir els treballadors dels burgesos perquè els burgesos tenen mitjans de producció i els treballadors no. És veritat que alguns burgesos també treballen (no tots ho fan). Tanmateix, hi ha una diferència important: els treballadors venen la seua força de treball perquè és l'únic que tenen, no tenen res més, i és l'única manera que tenen per a subsistir. Quan fan açò, amb el seu treball permeten que una altra persona (un burgés, amo de l'empresa o de la terra) s'enriquisca. Els treballadors reben un salari per una part del que han treballat, però no tenen cap classe de decisió en el seu treball, han d'obeir ordres.

Els burgesos que treballen, ho fan per a si mateixos: ells arrepleguen la riquesa que genera el seu treball. Això és el que els diferencia de la classe treballadora.

Hi ha gent que diu que el comunisme no és possible perquè les persones som egoistes per naturalesa. És veritat?

No. Les persones no som ni bones ni roïnes per naturalesa, no som egoistes ni altruistes; depenem de la societat en què vivim, del temps, del lloc, de la cultura...

Existixen moltes proves que demostren que les persones no sempre som egoistes, que la societat ens modela. Hui en dia es fomenta l'egoisme, perquè vivim en una societat capitalista que ens fa competir. Tanmateix, com vam veure al començament, fa milers d'anys les tribus feien treball cooperatiu, i les terres i els animals no tenien amos.

De la mateixa manera, encara hui existixen moltes societats, la convivència de les quals es basa en el treball en comú; per exemple, els pobles que viuen a les selves tropicals tenen esta organització.

A més, als països socialistes hi existix una actitud cap al treball en comú molt més cooperativa i menys competitiva que als capitalistes, fet que ens fa pensar que el comunisme és perfectament possible per a la humanitat: quan no existisca escassesa i tot el món tinga el que necessita, no hi haurà motius per a competir ni per a ser egoistes.

Els comunistes volen eliminar la propietat privada. Què passarà amb les meues coses? Seran de tots?

Al llarg del llibre, et deus haver adonat que els comunistes diem que volem eliminar la propietat privada dels mitjans de producció. Açò es justifica perquè quan els mitjans de producció pertanyen a tots els treballadors, els guanys del treball els beneficien a tots ells. Per això volem que els mitjans de producció (les terres, les fàbriques, les empreses) no tinguen amos, sinó que siguen de tots els treballadors.

Els burgesos sempre diuen que els comunistes volen que tot siga de tots i ningú tinga res, i així aconseguixen espantar els treballadors. Tanmateix, els comunistes sempre parlem dels **mitjans de producció**, perquè són els que generen desigualtat i explotació. Les coses que tens a casa no són mitjans de producció. Els teus llibres, el teu ordinador, el teu televisor, són possessions personals, són béns de consum, no són mitjans de treball. Cap comunista no voldrà llevar-te'ls.

Puc ser comunista, defendre el comunisme, i tindre un iPhone, un ordinador...?

Sí, per descomptat. Les dos coses no estan renyides: defendre el comunisme és voler eliminar l'explotació, no té res a veure amb els objectes que tingues.

Hi ha persones que estan en contra del comunisme que, per a criticar els comunistes, diuen que no podem tindre telèfons mòbils, ordinadors, o altres objectes. Segons ells, estos objectes estan fabricats en el capitalisme i per això no podem tindre'ls i defendre el comunisme alhora.

Açò no és cert. Si vivim en una economia de tipus capitalista, és normal que tot el que comprem estiga fabricat dins del capitalisme. Però els ordinadors o els telèfons mòbils no són objectes capitalistes: a les economies socialistes també existixen. A més, el telèfon mòbil va ser inventat a la Unió Soviètica, un país socialista.

A més, encara que estos objectes porten la marca de l'empresa d'un burgés, qui els han fabricat són persones treballadores, com tu i jo. Com ja sabem, els burgesos no hi aporten res perquè no treballen.

La lluita de la classe treballadora no pretén que deixe d'haver-hi telèfons mòbils, ordinadors o altres objectes, sinó que les persones que els fabriquen no estiguen explotades.

A Espanya hi ha un partit que es diu "Partido Socialista". És socialista este partit?

El PSOE (*Partido Socialista Obrero Español*, en castellà) va ser fundat el 1879 per un senyor anomenat Pablo Iglesias. Este partit, quan va ser fundat, es deia socialista perquè seguia les idees de Marx, que marcaven el socialisme de l'època. Al començament va estar perseguit, però en els temps de la Guerra Civil va arribar a estar en el govern.

Tanmateix, el 1974, al final de la dictadura de Francisco Franco, el PSOE va celebrar un congrés on van abandonar el marxisme. Des d'aleshores, i encara que no hagen canviat el nom, el PSOE no pot ser considerat socialista, perquè no pretén arribar al socialisme (el que vam descriure a la pàgina 71).

Què se celebra l'1 de maig?

L'any 1886, a Chicago (Estats Units), els treballadors reclamaven treballar huit hores al dia, perquè estaven cansats de treballar jornades de deu, dotze o fins a setze hores, obligats pels patrons. Així que van convocar una vaga l'1 de maig i van estar uns quants dies sense treballar.

En les revoltes i manifestacions d'eixos dies, molts treballadors van morir, assassinats per la policia.

Per això l'1 de maig se celebra el **dia de la classe treballadora**. És un dia festiu a quasi tot el món, en què es recorda els treballadors que van lluitar i morir en la lluita obrera. Eixe dia se celebren manifestacions a totes les ciutats importants, on es reclamen millores laborals per a tots els treballadors.

Què se celebra el 8 de març?

Des de l'aparició del comunisme en el segle xix, els comunistes sempre han estat a favor de la igualtat entre homes i dones de classe treballadora. Com que les dones treballadores estaven en una situació desfavorida respecte dels homes, els comunistes van voler fixar un dia per a reclamar la igualtat entre ells. El dia que es va triar va ser el huit de març i es va celebrar per primera vegada en Europa central l'any 1911. En eixe dia hi va haver més de 300 manifestacions en ciutats del continent europeu.

El huit de març és un dia festiu en els països socialistes; el primer a celebrar-lo va ser la Unió Soviètica. Precisament allà es va avançar molt en la igualtat entre homes i dones: no hi havia diferències de salari entre ells i la integració de les dones era plena en tots els sectors de treball.

Va ser tanta la importància del 8 de març a escala mundial, que les Nacions Unides van decidir convertir el 8 de març en el «dia internacional de la dona», intentant llevar-li el caràcter de classe treballadora a este dia.

Tanmateix, esta iniciativa va ser una idea original del moviment comunista, per això és correcte dir que el dia 8 de març és el **dia de la dona treballadora**, amb el significat de la dona de classe treballadora, no importa que estiga treballant o a l'atur.

CONCLUSIÓ

Al llarg d'este llibret hem parlat de la situació dels treballadors, de la societat en què vivim, del sistema polític, del treball... de moltes qüestions amb què vivim cada dia.

Espere haver-vos aconseguit transmetre que moltes de les coses que més ens afecten i ens perjudiquen tenen un motiu clar, que no sempre han sigut així, i que podríem canviar-les, si ens organitzem i lluitem.

És important que no se'ns oblide la força de la cooperació. Hui en dia, està de moda pensar que hem de competir amb els nostres semblants, amb la gent amb què vivim; ens diuen que hem de ser millor que ells, tindre més que ells i guanyar més que ells. Però la nostra vertadera força no està en la competència, sinó en treballar tots junts i coordinats. Això és el que ens fa grans a les persones treballadores i el que ens permetrà fer este món més just.

També vull deixar clar que, amb este llibre, només pretenc que tingueu una idea molt senzilla del que ha sigut i és la lluita dels treballadors. Però quan sigueu un poc més grans, si vos interessa saber més sobre estos temes, podreu buscar en molts altres llibres. Al següent capítol, vos hi deixe els noms d'alguns llibres i autors que vos seran de gran ajuda si voleu saber més al voltant del funcionament del nostre món i la nostra societat.

Així que m'agradaria deixar-vos amb dos idees fonamentals, perquè les apliqueu la resta de la vostra vida:

1. El món sempre pot canviar. De fet, està canviant cada dia. I sempre es pot millorar.

2. Sempre podem ajudar, col·laborar perquè el món siga millor. I hem de fer-ho per nosaltres i per les persones amb què vivim.

La pròxima vegada que vos diguen que «així és la vida» o que «això no es pot canviar», sapigueu que és mentida. I que si tots ens esforcem, ho aconseguirem.

PREGUNTES DE RESUM

Has entés bé el llibre? Comprova-ho intentant respondre a les següents preguntes.

1. Qui posa els preus de les coses? Si una cosa val el doble que una altra, què vol dir?

2. Què utilitza el treballador per a viure? Per què rep un salari?

3. De què viu un burgés? Quina és la seua funció en una fàbrica?

4. Si el treballador, quan treballa, genera riquesa, qui es queda esta riquesa?

5. Què és la plusvàlua? Qui se'n beneficia?

6. Què és un monopoli? És bo un monopoli per a la classe treballadora?

7. Què és una colònia? Quins països es beneficien de les colònies?

8. Quines són les dos classes socials més importants del capitalisme?

9. Què és la petita burgesia?

10. Per què ocorre la lluita de classes? En què consistix?

11. Quines tres maneres de lluita té la classe treballadora?

12. Per què es fa vaga?

13. Què és un esquirol? Els esquirols són beneficiosos o perjudicials?

14. Per què són importants els sindicats?

15. Què és la consciència de classe? És important?

16. Hi ha races millors que altres? Són millors els homes o les dones?

17. Quin és el sistema polític en què vivim? Este sistema beneficia la classe treballadora, o la perjudica?

18. Quin és el sistema que repartix el treball entre tots? A quins països existix?

19. Per què la classe treballadora no té prou amb organitzar-se en sindicats?

20. Quin és l'instrument de la classe treballadora per a la lluita política?

Respostes

1. Els preus de les coses corresponen a la quantitat de treball social invertit a produir-les. Quan una cosa val el doble que una altra, significa que, per a produir-la, s'hi invertix el doble de temps.

2. Per a viure, el treballador fa servir el seu treball, no té res més. Rep un salari a canvi del treball que du a terme.

3. Un burgés viu del seu capital: les seues propietats, sobre les quals treballaran altres persones. No té cap funció en una fàbrica.

4. De la riquesa generada pel treballador, una part es convertix en el seu salari, i l'altra se la queda el burgés.

5. La plusvàlua és la riquesa generada pel treballador que després eixe mateix treballador no rep en forma de salari. El burgés se'n beneficia, perquè se l'apropia.

6. Un monopoli és una situació en què una sola empresa fabrica un producte o proveïx un servici. Els monopolis són molt perjudicials per a la classe treballadora.

7. Una colònia és un territori que és envaït o dominat per un altre més poderós, amb l'objectiu de saquejar-lo. Els països desenvolupats són els que es beneficien de les colònies.

8. Les dos classes socials més importants del capitalisme són la classe treballadora i la classe burgesa.

9. La petita burgesia és la part de la burgesia que no posseïx prou capital per a viure del treball alié. D'esta manera, els petitburgesos han de treballar per a viure, però també es queden amb la plusvàlua dels seus treballadors.

10. La lluita de classes ocorre perquè la classe treballadora i la burgesa tenen interessos oposats: perquè la burgesia obtinga més diners, ha d'extraure més plusvàlua, però la classe treballadora vol obtindre més diners pel seu treball.

11. Les tres maneres de lluita de la classe treballadora són l'econòmica, la ideològica i la política.

12. La classe treballadora fa vaga per reivindicar els seus drets davant la classe burgesa que l'explota.

13. Un esquirol és la persona que seguix treballant quan es convoca una vaga. Els esquirols són perjudicials per a la classe treballadora, perquè li lleven poder.

14. Els sindicats són importants perquè són la manera que té la classe treballadora d'organitzar-se i lluitar unida davant l'explotació econòmica de la burgesia.

15. La consciència de classe és el coneixement que tenen els treballadors de la seua situació d'explotació, els seus interessos i el seu lloc en la lluita de classes. És molt important, perquè només els treballadors amb consciència de classe voldran lluitar i deixar d'estar explotats.

16. Les races només són colors en la pell, però no hi ha cap raça millor que les altres. Tota la classe treballadora es troba en la mateixa posició, independentment de la seua pell. El mateix succeïx entre homes i dones: el sexe no determina que una persona siga millor o pitjor.

17. Vivim en la democràcia burgesa. Este sistema perjudica la classe treballadora, perquè impedix que participe en les decisions polítiques.

18. El sistema que repartix el treball entre totes les persones és el socialisme. Hui en dia existix a Cuba, però ha existit també a la Unió Soviètica, Alemanya, Xina i més països.

19. A la classe treballadora no li basta amb organitzar-se en sindicats perquè l'explotació capitalista és part del sistema polític. Per això, han de canviar el sistema polític per a eliminar l'explotació.

20. L'instrument de la classe treballadora per a la lluita política és el partit obrer o partit comunista.

BIBLIOGRAFIA COMENTADA

Si vos interessa llegir més sobre el socialisme, ací vos deixe una llista de llibres que podeu consultar. Són més complexos, ja que estan pensats per a un públic adult. Per això, també són més detallats.

També he de dir-vos que, malauradament, en valencià hi ha pocs llibres sobre estos temes, però els més bàsics sí que els trobareu. Si no, haureu de llegir-los en castellà o en anglés.

Texts d'introducció:

- Fundación de Investigaciones Marxistas, *Acercarse a Carlos Marx*, Ed. Atrapasueños (ISBN: 978-8461187645). És un text senzill que explica els conceptes bàsics de la filosofia de Karl Marx.

Texts didàctics:

- Marta Harnecker, *Cuadernos de educación popular*. És una sèrie d'onze quaderns que expliquen pas a pas i amb detall molts dels conceptes que hem vist en este llibre: l'explotació, les classes socials, el capitalisme, el socialisme... L'autora ha publicat estos quaderns a Internet per a descàrrega gratuïta.

- Nikolai Bujarin, *ABC del comunismo*. Este llibre toca totes les nocions bàsiques, des del desenvolupament del capitalisme fins a l'ordre social comunista.

- Manuel Muñoz Navarrete, *Principios aplicados de marxismo-leninismo*. Este text d'introducció també explica els conceptes més bàsics del marxisme-leninisme i inclou uns capítols específics sobre Espanya.

Texts clàssics (estos sí que es poden trobar en valencià):

- Karl Marx i Friedrich Engels, *Manifest del Partit Comunista* (ISBN: 978-8474100099). Este document històric va ser la carta de presentació dels comunistes del segle xix.

- Friedrich Engels, *Fonaments de comunisme*. En este text inacabat, Engels hi dóna resposta a 25 preguntes sobre les idees generals del comunisme.

- Vladimir Lenin, *Les tres fonts i les tres parts integrants del marxisme*. Lenin explica en este text tres conceptes fonamentals del marxisme.

Texts sobre economia:

- Marcelo Isacovich, *Introducción a la economía política.* Servix com a llibre de text d'economia marxista.

- Karl Marx, *El Capital.* És l'obra principal de Marx i explica amb detall el funcionament del capitalisme. L'Editorial Herder n'ha publicat una versió manga que en facilita la comprensió.

A TALL D'EPÍLEG

En este llibre hem parlat de sindicalisme, de marxisme, de socialisme, de comunisme. Però, sobretot, hi hem parlat de la dignitat del treballador.

Vaig escriure este llibre perquè els meus nebots saberen més sobre el món i el seu funcionament, sobre la lluita obrera i el camí per recórrer, sempre d'una manera superficial. Però espere que puga ser útil a tota aquella persona, jove o adulta, que arribe a llegir-lo.

Per això, si t'ha agradat, t'ha resultat útil o has aprés amb ell, **compartix-lo**. Fes que arribe a més gent, presta'l, regala'l, dóna'l, parla a la gent sobre ell. Deixa'm una ressenya a Amazon o Goodreads, si vols, comentant-me el que t'ha paregut, o envia'm un missatge al correu electrònic (*genossedaniel@outlook.com*).

Per últim, recorda que per a véncer, hi fem falta tots els treballadors, així que... a treballar ;) i com digué Marx...

TREBALLADORS DE TOTS ELS PAÏSOS, UNIU-VOS!

ÍNDEX DE CONCEPTES